名师名校名校长

凝聚名师共识
固态名师关怀
打造名师品牌
培育名师群体

王建萍金城名校长工作室

幸福路上你我同行

王建萍 / 编著

中国出版集团　现代出版社

图书在版编目（CIP）数据

幸福路上你我同行 / 王建萍编著. — 北京：现代
出版社，2022.4

ISBN 978-7-5143-9860-1

Ⅰ.①幸… Ⅱ.①王… Ⅲ.①小学教育－教育研究
Ⅳ.①G622.0

中国版本图书馆CIP数据核字（2022）第047389号

幸福路上你我同行

作　　者	王建萍	
责任编辑	袁　涛	
出版发行	现代出版社	
地　　址	北京市安定门外安华里504号	
邮政编码	100011	
电　　话	010-64267325　64245264	
网　　址	www.1980xd.com	
印　　制	北京政采印刷服务有限公司	
开　　本	710mm×1000mm　1/16	
印　　张	12	
字　　数	192千字	
版　　次	2022年4月第1版　　2022年4月第1次印刷	
书　　号	ISBN 978-7-5143-9860-1	
定　　价	58.00元	

目录

科 研 篇——大音希声

管理篇——

花开有声

融合无声，育人有痕

中国奥林匹克运动的先驱张伯苓曾说："教育里没有了体育，教育就不完全。"甘肃省兰州市西固区福利路第一小学（以下简称"福利一小"）以"阳光体育"活动为学校教育教学工作的重要抓手，积极践行融合育人理念，大力探索融合育人渠道，拓宽融合育人思路，实现了阳光体育运动与体育教学、艺术教育、文化建设、课程建设、德育和美育教育的五大融合，以体辅德、以体激智、以体促美、以体益心，促进了学生德、智、体、美全面发展，有效地实施了素质教育，彰显了学校的"幸福教育"内涵。

一、理念引领整体谋划

著名教育家乌申斯基说："教育的主要目的在于使学生获得幸福。"多年来，福利一小致力于"福"文化的打造，创建了"幸福教育"的教育品牌。如何构建具有校本特色又符合教育规律的阳光体育活动体系，并使学生体验幸福、分享幸福、收获幸福、播撒幸福，一直是学校的重要研究课题。

对于阳光体育活动，福利一小的领导高度重视，组织大家认真学习，并领会阳光体育的精神，确立了以健康第一为理念，以健身强体、育德促智、审美悦心、发展个性为宗旨，以融合育人为依托，以群体活动为载体，以锻炼的实效性、内容的全面性、功能的多样性、参与的广泛性及活动的趣味性、娱乐性和可选择性为原则，在活动内容、活动时间、活动形式等方面倡导融合，体现快乐体艺、趣味体艺，同时要在过程中追求高效、讲求实效的"大课间+眼保健操+体艺课+课外活动+艺术兴趣活动"的阳光体育活动模式。阳光体育作为学

校工作的重要组成部分，纳入了福利一小常规工作和教师绩效目标考核范畴，做到了领导、制度、责任、措施、经费的"五到位"，形成了统一行动、分层落实、协调配合的工作体系。

二、注重过程凸显融合

从系统论的角度来讲，融合育人就是以学生为对象，强调将学生看作一个整体发展对象，通过教育内容、教育方式、教育空间等的融合，使其达到最优化发展的目标。福利一小的阳光体育活动以党的教育方针为指导，以融合育人理念为引领，围绕"立德树人"这一根本任务，把德育、智育、美育、心理教育等内容进行融合，整体构架、有机整合、巧妙渗透、结合校情、挖掘资源、合理融入，树立学生的竞争意识和集体主义观念，促进学生良好行为习惯的养成，培养学生的核心素养，以此达到以体辅德（提升道德素养）、以体激智（激活智力因素）、以体促美（提高审美修养）、以体益心（塑造健康人格）的目的，使阳光体育活动成为全面育人的综合实体。

（一）阳光体育活动与常规教学相融合

福利一小的阳光体育活动，首先做到了认识、参与、指导、监督、总结、协调的"六到位"，如全校师生积极参加各项活动，上到校长，下到学生，上下齐动员，人人齐参与。体艺教师根据自身的专业知识，对各班活动的内容、方法给予指导，发现问题及时解决，每项活动及时检查、评比，指出不足，及时改进和调整。抓好领导、教师、时间、内容、器材、场地、过程、评价的"八落实"，如教导处科学规划、统筹安排，把阳光体育两课（体育课、活动课）、七操（眼保健操、国操、自编操、手语操、空竹操、武术操、足球操）、两活动（上、下午大课间活动）纳入作息时间表，保证每班每天至少1小时的锻炼时间，实现了活动时间的固定化。坚守了"三常规"，即一日、一周、一年三个常规活动，如每天确保两次眼保健操（5+5=10分钟）、上午30分钟大课间活动时间、下午20分钟特色活动时间，这样就保证了每天1小时的锻炼时间。每周两次与体育课搭配的下午第三节课外活动也保证了孩子们平均每天一节的体育活动时间。阳光体育活动的常规落实，体现了国家课程与校本课程、体育学科与艺术学科、教育教学活动与常规养成教育、体育课内与课外时间相融合的设计思路，确保活动的高效开展，并落实育人目标。

学校还以体艺课堂改革为突破口，开设"幸福教育"级本课程，将国家课程校本化地落实到了日常的教学活动中。一年级的中华武术；二年级的非洲鼓；三年级的尤克里里、韵律操；四年级的体育舞蹈、口琴；五年级的陶笛、足球；六年级的五步拳、葫芦丝。乐器课均占用一节音乐课，三到六年级每班每周均开设一节足球课，足球课均占用一节体育课，由外籍教练与我校教师共同执教。学校田径队、篮球队、足球队、软垒队四大体育队以及武术、体育舞蹈、韵律操等级本课程以"百人团队"的形式浩浩荡荡、气势磅礴地展现在福利一小师生及家长的面前，诠释着学校体艺教学改革的成果。

（二）阳光体育活动与文化培育相融合

在福利一小33个班级的外墙面上，展现着33种不同特征的动物及33句品格名言，如专注的小鹿、热情的大象、守时的燕子、宽容的乌龟、有序的大雁……

与此同时，学校通过开展阳光体育活动，潜移默化地培养学生的多种品格。在班级自主活动中，学校以不同学段学生的个体差异为出发点，拟订班级大课间自主活动方案，有效地保障了各项活动的顺利实施，并在活动中促进了班级文化建设，如一、二年级学生心智尚不成熟，肢体运动的协调能力较差，我们侧重开展团体体育游戏活动（如老鹰捉小鸡、丢沙包、转风车、小跳绳、打沙包、找朋友等）；三至六年级学生心理渐趋成熟，个人能处理的问题越来越多，自信心逐渐增强，我们侧重开展团体与个体相结合的，集协调性、韵律性等于一身的活动（篮球、羽毛球、波波球、小网球、板羽球、抖空竹、踢毽子、跳皮筋、转呼啦圈、滚铁环、跳大绳、竹竿舞、韵律操、筷子舞、彩带操、蛇板、滑轮等）。多彩的自主活动丰富了学生的课间生活，团体和个体相结合的活动提升了班级活力，增强了班级凝聚力，促进了和谐班级文化的形成。

阳光体育活动给福利一小的校园带来了生机和活力，自然、健康、和谐的校风也随之形成。在校园里，可以看到教师间、师生间、学生间的融洽合作、和谐交往，能感受到33个小班级和学校这个大集体的凝聚力、战斗力。

（三）阳光体育活动与课程建设相融合

捷克教育家夸美纽斯说："只有受过一种合适的教育之后，人才能成为一个人。"这说明教育能促进人的全面发展。全人教育也同样要求教育必须超越学科与专业的分割，全面提高人的综合素质。福利一小在阳光体育活动的开展中，践行了全人教育理念，进行了活动与课程的融合。

首先，学校构建了"四横六纵"式的"福韵课程"体系，全面培养了学生感受幸福、创造幸福以及分享幸福的能力，达成了"一流好品格""一生好习惯""一身好体魄"等"九个一"的育人目标。"易行独轮车""快乐啦啦操""桌式足球""中华武术""欢乐腰鼓""花样足球""街舞"等健康向上的阳光体育校本课程，成为学校课程体系的重要部分。

其次，学校还定期开展主题活动课程。每周举行班级足球联赛活动；每月举行2~3次阳光体育比赛，拔河、跳绳、轮滑、篮球赛、班级特色自主活动等；每学期对外举行一次面向其他学校或家长的阳光体育大课间观摩活动，全体师生以阳光的心态和昂扬的激情向领导、家长、观摩者等演绎精彩的阳光体育大课间活动，有序的组织、自成特色的活动内容及浓郁的活动氛围，让观摩者赞叹不已。福利一小的大课间活动已成为宣传学校特色的亮丽名片。

最后，每年举行的两次运动会（春季、秋季），通过竞技体育活动为学生提供展示自我的平台，体现了学科知识、教育空间、能力培养的多形式的融合。以主题为"运动与健康"的"阳光五月"为例，2017年学校举行"城运梦福一情"城市运动会，每个班代表一个城市，从入场式对每个城市的介绍，到学生着装的准备，再到城市美食节活动的开展，学生认识并了解了祖国各地的风土人情及文化特色，激发了学生对家乡和祖国的热爱之情。2018年的民族运动会，更是一场校园的民族盛宴，学生用优美的舞姿、特色的服饰诠释了我国56个民族的特色以及他们参与活动、展现自我的热情。2019年的童话运动会，2020年的奥运主题运动会，也展现了阳光体育活动的魅力及学校融合育人的特色。

（四）阳光体育活动与艺术教育相融合

在阳光体育活动中，福利一小将国操、眼保健操置于首位，与阳光体育有机整合，在兼容并举的基础上创新特色、提升品位。从2005年起，学校大力开发师生资源，同时以快乐、主动、健康、发展为最终目标，相继创编了8套形式多样、风格迥异的校园操——功夫扇、剑术、竹板舞、旗语操、空竹操、武术操、足球操和手语操，形成了健康与趣味相结合的大课间自主活动体系。

学校的音乐教师将舞蹈元素有机融入自编旗语操"福一之声"中，他们根据儿童的生理和心理特点，选用了节奏感较强的军旅歌曲。在动作编排上，大量运用节奏明快的舞蹈动作和多种多样的队形变化，向学生们传递了一种坚韧不拔、乐观向上的意念和精神，从学生们优美舒展的身姿、庄严肃穆的表情中就可以感受到一种新鲜情感带来的冲击力。

"功夫扇"是学校体育教师学习借鉴中老年太极《功夫扇》而创编的，我们的教师将扇子的挥舞和太极的招式灵活结合，将武术动作与《中国功夫》歌曲旋律巧妙结合，内容丰富新颖，孩子们在载歌载"武"的演练中，彰显了武术神韵，体现了团队精神，在轻松欢愉的氛围中表现了对国家传统文化的热爱和继承，达成了由感受到欣赏再到传承的情感飞越。

伴随着一首《感恩的心》，放松手语操让孩子们的心灵再一次得到陶冶和洗濯！在配乐古诗《游子吟》优美舒缓的音律中，放松手语操特有的肢体语言与身体柔美的动作将孩子们对慈母的一片深笃之情传递出来，朴素自然、亲切感人。

每年一次的艺术周活动、六一嘉年华与年级趣味庆祝活动中，各种体艺类比赛为孩子们的阳光体育活动提供了展示、交流、竞技和提升的平台。

（五）阳光体育活动与德育教育相融合

育人为本，育德为先。福利一小把学生的德育教育作为一项重点工作，落实在学校的阳光体育工作中。从细节入手，让德育真正走进学生的心灵，促进学生健康、快乐、自信地成长，养成良好习惯，为幸福人生奠基。我们以大课间活动为突破口，编排了学生行为习惯养成儿歌，在走蛇形路队时集体吟诵，渗透智育，增强德育教育的实效性。经过多年的坚持，懂礼貌的学生多了，尊敬长辈的学生多了，保护环境的学生多了，在公共场所遵守公德的学生也多了。学生们从刚开始的你拥我挤到现在的自觉排队，靠右行入校，与每天强化

练习的行为习惯儿歌有着密不可分的关系。

阳光体育不仅拓展了学校体育的内涵，为学生的终身锻炼奠定了基础，而且对学生的终身发展产生了巨大的影响。在活动中，学生不仅增强了体质，增进了彼此的交流，还学会了彼此间和谐相处，拥有了阳光、健康的心理。在活动中，学生有什么样的思想情感和意志品质都会很自然地表露出来，教师因势利导，相机点拨，使学生逐渐具有了机智、勇敢、坚强的品质和不怕困难、奋发向上、不甘落后的精神和竞争意识，他们自觉遵守规则、服从裁判、尊重对手、团结协作、维护集体荣誉等良好的思想品德和个性心理特征逐步形成。

多年的阳光体育实践经验，我们感受颇深，对党的教育方针与阳光体育的关系也有了新的诠释。阳光体育所传递的不仅是运动方式，而且是一种生活理念，一种品质，一种精神，一种健康向上的阳光心态。阳光体育大课间活动也培养了学生的审美意识和能力。在丰富多彩的阳光体育活动中，学生受到了美的熏陶和感染，获得了体现美和感受美的情感与体验，具有了鉴赏美、创造美的能力，敏锐的观察力、良好的注意力、丰富的想象力以及灵活的思维力也逐步形成，学生更加自尊、自爱、自信、自强，从中获得了满满的幸福。

三、融合育人花开有声

挥洒汗水，沐浴阳光……辛勤的汗水泼洒在哪里，哪里就会收获喜人的成果，阳光体育运动加速了学校教师的专业化发展和优秀团队的形成，促使教师认真学习和理解阳光体育与学校教育的关系，激发了教师自身的创作灵感与创作欲望。《小学高年级学生运球上篮技术教学策略研究》等论文相继发表，"小学生课间活动安全性的研究"等15项省、市级规划及个人课题先后结题，"易行独轮车""快乐篮球"等近20种阳光体育校本课程陆续成型。

阳光体育活动已成为福利一小"幸福教育"下的一抹亮丽色彩。学校先后荣获全国青少年校园足球特色学校、全国软式棒垒球实验学校、甘肃省快乐校园、兰州市阳光体育示范校、兰州市校园篮球项目特色学校、兰州市艺术特色示范校等荣誉称号。2005年、2007年、2009年学校的大课间连续三届获兰州市西固区第一名；获兰州市第一届、第二届百所中小学优秀大课间小学组优胜奖；2013年，学校多次承接市、区级大课间活动观摩；2017年，学校荣获兰州市中小学课间操视频评选二等奖；2018年，学校荣获西固区"快乐阳光校园大课间"一等奖。学校多次承接省、市、区级课程观摩，参观来访人员对学校的体育课程建设更是赞誉有加。

融合无声，育人有痕。福利一小以阳光体育为引擎，在增强体质的基础上健全人格，在健全人格的基础上促进学生的全面发展，让学生个体生命得到自由、充分、全面、和谐、持续的发展，彰显独特的育人芳华。

忆往昔，看今朝，展未来，福利一小将继续用智慧引领，用汗水浇灌，用爱心扶持，让阳光体育活动这朵盛开在校园里的"运动之花"，在融合育人理念的浸润下开得更加娇艳，让学校的"幸福教育"硕果满园！

怡心灵之悦，育博雅之人

开展心理健康教育，既是学生自身健康成长的需要，也是社会发展对人的素质要求的必要条件之一。在小学心理健康教育工作中，环境营造、活动体验、教师培训、网络构建对提高心理健康教育工作的时效性、科学性有事半功倍之效。

一、环境愉悦心灵之美

高雅的校园环境能给学生带来"润物细无声"的影响，创建和谐优美的校园环境将会为学校的心理健康教育插上腾飞的翅膀。具体做法是，学校利用校园文化的多种形式，营造良好的心理健康教育氛围，如设立心理健康墙报专栏，创办心理之友专刊，心理健康教育广播，开展心理健康演讲会、课外小组活动等方式，广泛宣传心理卫生知识及小学生心理健康的标准；学校开展心理健康工作的意义；学校开展心理健康工作的方式、方法、手段、途径；心理辅导和心理咨询的意义与作用等，提高学生对心理健康意义的认识水平。

二、活动培育博雅之人

心理健康教育活动在学校心理健康教育工作中地位独特，是学校心理健康教育的重要载体，开展科学合理、操作性强的心理健康教育体验活动，对实现学校的育人目标——育博雅之人，至关重要。首先，学校通过宣传教育活动，普及心理健康知识，通过"心理健康周""心语信箱""心理健康讲座""校园广播站""国旗下讲话""成功父母成长讲堂"以及校报《颐校风铃》、校刊《颐校风帆》、心理健康小报《怡雅畅心园》等宣传方式，宣传心理健康知识和拥有健康心理的意义，进而扩大心理健康教育的影响。吸引更多学生、家长参与，及时与老师沟通交流，提升自己的心理健康水平。其次，开展团体活动，愉悦个体心灵。自2004年以来，福利一小的全体学生都积极参与心理健康教育活动课。学校对活动课加强了研究，我们充分利用学校的心理健康教育资源，开设发展性心理辅导活动课程，如在一、二年级开展的"蛋爸蛋妈大行动"团体活动中，学生作为保护者体验责任感，在行动目标中学习管理自己的行为，体验生命的意义，学会关爱他人。在护蛋过程中培养学生的耐心，发展其意志品质。"助人自助"式活动是发展性心理辅导活动课程的重要形式，多年来，我们始终坚持对心理健康活动课的研究，逐步形成教学特色：创建环境，增强体验，合作探究，自我提高，让学生在活动中感受生命的价值、体验生活的幸福。

三、培训塑造儒雅之师

教师在学校的心理健康教育中作用重大，如何更好地发挥教师在心理健康教育中的主导作用，有效提升教师素质就显得尤为重要。福利一小多年来积极开展"校以育人为本，师以敬业为乐，生以成才为志"的系列培训活动，激励全体教师"爱岗敬业、团结奉献"的精神。2011年12月15日下午，学校请西固区党校校长马国庆做了题为《怎样做一个好老师》的报告，他的报告受到了在场每一位教师的欢迎。2011—2012年第一学期为了提升及普及我校雅文化的核心理念，我校开展了师德专题培训活动——雅行大讲坛，学校以大讲坛为培训载体，邀请知名学者、家长、社会名流共同参与，为全体学生的心理健康撑起一片蓝天。学校女教师居多，每年三八妇女节，我校教师都以丰富精神世界为目标举办娱悦身心的女性沙龙活动，近三年的活动主题分别为"读书的女人最美""悦纳自己·悦纳他人·幸福从教""立雅励行——做雅行教师"。

四、网络延伸立雅理念

家庭和社会对学生心理健康的影响巨大。家庭是学生社会化最初的重要场所，是家长把品质行为传给下一代的地方。因此，构建家庭、社会、学校三

位一体的心理健康教育网络显得尤为重要。学校的做法有多种，一是协同班主任与家长，加强学生的心理辅导，同时建立学生心理档案。与家长合作，为学生的心理健康发展提供重要条件，建立学生心理档案，记录学生心理成长的轨迹。同时，学生心理档案还可以揭示教师教育教学工作中的问题和家长在家庭教育上的问题，揭示学生共性心理品质的问题，能促进学校和教师与家长更新教育观念，转变教育思想，改革教育方法，创设良好的学校、家庭心理环境，从而提高学生的心理品质，促进学生心理健康发展。二是利用家长学校这一平台举办心理讲座，为家长提供方法指导，使学校心理健康教育在家庭中得以延伸，让家长了解孩子心理特点，共同制定帮助孩子完善心理品质的措施，提高孩子的心理素质。同时有针对性地举办家长心理健康教育专题讲座，如"如何对待孩子的逆反心理""如何帮助孩子克服胆小、自卑的心理""和孩子们一起成长"等，使家长了解学校心理健康教育的情况，并将学校的怡雅健康教育理念延伸到每个家庭。

要使学生的心理得以健康发展，学校及教育工作者必须掌握好心理知识，遵循学生心理发展的规律，灵活运用心理教育理念，探索学生的心理发展，总结心理教育经验，与家庭、社会紧密联系，才能取得良好的成效。

让流动人口子女在同一片蓝天下健康成长

随着西固区经济的快速发展，大量外地学龄少年儿童跟随他们的父母涌入我区，给学校的义务教育提出了新的课题。我校近几年也把解决流动人口子女就学问题纳入了重要议事日程。为了落实《兰州市人民政府关于深化农村义务教育经费保障机制改革的实施意见》和兰州市教育局《关于做好进城务工就业农民子女义务教育工作的通知》，解决流动人口子女就学上存在的困难与问题，努力探索流动人口子女就学工作的新途径、新办法。

我校上学期外来务工人员子女达705人，占全校学生总数的81.8%。

在学段分布上，我校义务教育阶段流动人口子女学生的分布情况，如表1所示。

表1

项目	一年级	二年级	三年级	四年级	五年级	六年级	合计
学生总数	148	137	151	165	142	119	862
本地学生数	14	21	28	33	31	30	157
外地学生数	134	116	123	132	111	89	705
外地生占学生总数比例	90.5%	84.7%	81.5%	80.0%	78.2%	74.8%	81.8%

综观各个年级，流动人口子女学生所占比例，年级越低，比例越高，一年级高达90.5%，而六年级却为74.8%，各年级差异较大，流动人口子女学生递减较快。

多年来，我们采取以下措施使流动人口子女学生"进得来、留得住、学得好"。

一、召开会议，统一认识

无论是解决外来务工人员子女入学的专题会议，还是平时的行政会议和教师会议，上下讨论不少于10次，目的是统一认识。目前，我校在五个方面达成了共识：在地理位置上，福利一小是外来务工人员子女入学的最佳选择（我校西边即西部市场）；解决外来务工人员子女入学问题是福利一小应尽的职责；全员接纳是福利一小解决外来务工人员子女入学问题的基本途径；人文关怀是福利一小对待外来务工人员子女的基本要求；共同进步是福利一小教育外来务工人员子女的终极目标，这些共识为解决外来务工人员子女教育问题创造了良好的条件。

二、寒暑假招生，开辟专道

假期将临，我们便成立以教学副校长为组长、以教导主任等为成员的"外来务工人员子女入学招生小组"，为他们开辟专道。将近两个月的假期，我们每天接待外来务工人员的咨询，登记其子女的入学信息。新学期开学，凡是登记在册的流动人口子女，必须一一落实，有些只登记、不来入学的学生，我们会通过打电话问清去向。

三、活动跟进，加强融合

为了让外来务工人员子女尽快融入学校的大家庭，我们先后举办了一些利于他们成长的活动，还设置"金色朝阳"奖，表彰那些学习、品德优秀的务工人员子女，以增强他们的自信心。上学期期末，我们举办了"夸夸我家乡"的演讲比赛，一方面是为了锻炼他们的口头表达能力，激发他们对家乡的热爱；另一方面是为了让他们与当地学生相互沟通交流，相互尊重，和睦共处。针对流动人口子女没有良好的行为习惯，我们进行了行为礼仪月教育活动，通过校园剧表演、主体班队会、红领巾广播站等学生喜闻乐见的形式，使学生在活动中接受教育。我们还成立了爱心基金会，为身患重病的外来务工人员子女——六（1）班学生燕萌举行了由社区、家委会、少先大队部联合倡议的爱心募捐活动，现场师生、家长捐款共计9400多元，让身患重病的学生感受到福利一小这个大家庭的温暖。学校还通过组织参观寺儿沟部队爱国主义教育基地、工厂企业等社会实践活动，参与社区组织的各项活动，使外来务工人员子女全面了解西固区，激发他们的学习热情。

四、学法指导，规范行为

与本地学生相比，外来务工人员子女由于各种原因，行为不够规范，学法不够科学。为了帮助他们掌握科学的学习方法，确立良好的行为规范，学校采取师生结队、集体教育、个别辅导等措施，帮助他们尽快步入优胜行列。为外来务工人员子女与本地学生联谊结对，在学习和生活上相互帮助；为外来务工子女选配成长导师，进行思想引导、学业辅导、生活指导、心理疏导，定期对他们进行学习习惯养成专题教育。

五、统筹考虑，公平对待

我校将流动人口子女就学问题纳入招生计划，并予以统筹考虑和规范，为流动人口子女就学提供基本保障，对流动人口子女与本地学生一视同仁，具体体现在多方面：①"四证"齐全者免借读费，可按"一费制"标准收费。②对已进入我校的流动人口子女，与本地学生一样全部建立了档案（花名册、注册表、流动学生转入转出申请表、学籍表等），没有任何歧视政策。③凡进入我校起始班就学的流动人口子女，实行免试入学；中途转入我校的流动人口子女，凭转学证入学，享受与本地学生同等的入学条件。④努力为流动人口子女创设公平受教育的条件。流动人口子女教育的边缘化，在这些孩子幼小的心灵留下一种"农村的孩子比城里的孩子低人一等"的阴影，影响他们健康人格的形成。针对这部分学生的实际情况，我们积极完善教育教学管理方法，让他们在接受教育、参加各种活动、评优评先、参与文体、享受奖学金等各项活动中均可享受与本地常住户籍学生相同的待遇。

六、开展心理健康教育，促进学生身心和谐

一项有1000多名心理学、教育学专业的本科生参与的调查显示，有近四分

之一的流动人口子女因受歧视而产生自卑心理，他们认为本地人看不起他们。除了自卑心理外，大部分流动人口子女性格内向，不善于与同学和老师沟通。南京师范大学发展与教育心理学专业博士生导师傅宏教授认为，如果不对他们进行真正有效的教育，不帮他们树立正确的人生观和价值观，形成健康的心理，他们很可能会产生对整个社会的对抗情绪，导致他们不自信、不敢与人交往，容易出现问题行为。为此，学校为提高德育工作的实效性，坚持把德育工作与心理健康教育有机结合起来，通过德育教研有针对性地开展心理健康教育活动，德育教研课题"小学生心理健康现状的调查与教育"，通过研究流动人口子女问题行为，及早发现，及早防治、矫正。几年来，我校还坚持班主任兼任心理健康辅导教师，他们用心理学知识关注学生心理，实施德育，取得了良好的教育效果，如各班根据学生实际情况和学生年龄特点设计与开展的各具特色的心理健康教育活动，六（2）班的"别人眼中的我"；六（1）班的"我是小小男子汉"；五（1）班的"我也是班长"。我们从不同方面对学生进行了心理健康教育，有效地促进了班级管理，也改变了教师的管理方法。

七、专题课题研究，解决流动人口子女教育问题

几年来，学校先后进行了"如何对待学生中弱势群体的探索实践""学生道德形成情况调查""小学生心理健康现状的调查与教育"等专题研究，学校通过召开座谈会、个别访谈、问卷调查、查阅资料等形式，对西固区流动人口子女就学情况、心理健康、道德树立进行了调查研究，并把它作为学校的龙头课题，校长、副校长亲任课题组长。通过专题课题研究，在教师中也形成了一些好的做法和案例、论文等，如达光琼老师的《浅谈帮助插班生适应英语学习，防止掉队》（原因：大多数插班生在农村没有学习过英语，到中高年级插班时，英语是插班生适应新学习环境的最大障碍），又如卢明鹰老师的《厚爱中差生，全面进行素质教育》《给暂差生一片绿荫地》《关注调皮的孩子》等。

八、实施异质分层，提高学习能力

我校流动人口子女原有生活环境、教育背景、学习经历及迁移路径等方面的差异，导致了他们远远不同于本地常住人口子女个性心理的巨大差异性和学习水平的参差不齐，而且在流动性极大的情况下，这些差异始终得不到消除。这一特征意味着学校的教学方法要有更强的针对性，需要适合于具有个别化特点的学习指导，从而使每个学生都能在原有的基础上有效地提高自己的学习成绩和学习能力，真正使流动人口子女进得来、留得住、学得好。我们认为"异质分层"教学不失为一条有效的策略。所谓"异质分层"教学，即教师在学期初全面了解每位学生的个性特点和学习水平，然后把全班学生分成几个（一般以三个为好）学习层次，把学习成绩相近的一些学生分在同一层次内，并针对每个层次学生的学习基础和能力提出不同的学习目标，实施不同的教学方法，从而取得不同的学习成效。以语文教学为例，平时教师在课堂教学时主要面向中等层次的多数学生，注重加强课文朗读、阅读方法和习作技巧等基本能力的训练与指导；对少数连基础字词都掌握不实的学生，则应加大机械抄写和记忆的作业分量，使他们获得基本的识字读报能力；对一些学习潜质较好、语文基础扎实的优等生，则应在课堂上放手让他们自主学习，教师只对疑难点做一些适当的点拨，课下要想方设法给他们提供课外阅读的条件，鼓励他们多写日记，全面提高他们的语文素养。对一些中途转入的学生，教师则应组织一些与他们性情相合的优等生，来开展"互助"学习，帮助他们尽快适应新的学习环境和学习常规，尽量缩小和老生的学习距离。但不管是哪个层次的学生，针对流动人口子女南腔北调、书写潦草的现状，语文教师尤其要重视他们普通话和书写方面的强化训练，帮助他们养成良好的说话和写字习惯，使他们能尽快融入本地的教育环境中。

学校为了使流动人口子女健康成长，在流动人口子女教育方面做了一些工作，今后将继续认真落实国家关于流动人口子女接受义务教育的政策，用长远的眼光、宽广的胸怀、满腔的热情和强烈的责任感，以科学与理性的态度来看待和解决流动人口子女就学问题。我们必须认识到流动人口子女确实是一个特殊的群体，由此产生的种种问题也有特殊性。作为教师，我们不能逃避，不能埋怨，更不能置之不理，应该用特殊的爱去感化这些特殊的学生，因为这些飘扬的"蒲公英"也有自己的春天，这些经常迁徙的"小小鸟"也该有自己温馨的家。我们一起努力，让这些生活在同一片蓝天下的"小小鸟"，感受学习的快乐，生活的幸福，确保让他们飞得更高、更远，让他们同样拥有一片美好的蓝天！

以青年教师培训为契机，打造学习型教师团队

近年来，各级教育行政部门以及继续教育中心十分重视教师的培训，提出把教师培训的落脚点放在校本培训上。我校以此为契机，密切配合教育局的集中培训、片区培训，在深化对青年教师校本培训的同时，根据我校教师结构的实际情况（我校35岁以下教师23名，占全校教师的47%），结合开展对教师的继续教育。此举不仅加快了青年教师的成长，还充分发挥了青年教师的优势，推动了全校学习型教师团队的建设，有效提高了教师整体素质，促进了教育教学工作的发展。

一、高处着眼，低处入手，合理设定培训目标

一方面，青年教师思想观念新颖、有朝气、精力旺盛、干劲十足，为我校教师队伍注入了新鲜活力，但他们走上工作岗位的时间短，缺乏教育教学经验，教育教学能力亟待提高；另一方面，我校中老年骨干教师较少，而且他们也需要培训。针对这一特殊情况，我们从高处着眼，提出了"以青年教师培训为契机，打造学习型教师群体"的培训思路，制定了"青年教师一年适应、三年成型、五年成熟、八年成才、十年成名"和"中老年教师脱胎换骨，适应素质教育"的培训总体目标。同时从低处入手，先让青年教师尽快站稳讲台，然后利用青年教师肯学习、理念新的优势，带动中老年教师积极参与学习，从而促进全校教师终身学习风气的形成，实现新老教师的优势互补。

二、针对校情，突出重点，遵循规律实施培训

针对学校实际情况，我们确定培训的四个重点：师德培训、规范培训、业务培训、学习文化培训。

（一）师德培训

师德是一名新教师成长的先决条件，我校着重对青年教师进行三个方面的培训。

1. 自律教育

铸炼师德自律始。既要言教，又要身教，身教重于言教。为此，我们要求青年教师首先要"为人师表"，强调教师的自重、自省、自警、自励、自强。要以身作则，言行一致，要求学生做的，自己首先要做到；禁止学生做的，自己坚决不做，在行动上为学生做出表率。我们充分发挥中老年教师严于律己的好传统，从细节做起，引导新教师从各个方面加强自律。

2. 爱心教育

没有爱心的培育就没有师德的提升。教师对学生的爱就是"师爱"。在一定程度上，热爱学生就是热爱教育事业。教师对学生的爱"在性质上是一种只讲付出不计回报的、无私的、广泛的且没有血缘关系的爱，在原则上是一种严慈相济的爱"。

3. 职业幸福感教育

教育是心灵的事业，教师应当是一个幸福的职业。然而现实中，我们的教师特别是中小学教师，长期处于身心俱疲的状态，他们的职业幸福感在不断下降。这种情况，新教师没有感受，但我们却要重视预防。因此，我们要告诫青年教师：一个不幸福的教师无法让学生获得人生的幸福，教师要让学生幸福，首先自己要成为一个幸福的人，这是教育的需要，同时也是自己的需要。所以，青年教师需要理想、需要奋斗、需要磨炼，从而对他们今后要碰到的困难、要经历的挫折有足够的心理准备。

（二）规范培训

学生有《学生日常行为规范》，用以约束自己养成良好的日常行为规范，教师也要以《教师日常行为规范》来约束自己养成良好的日常行为规范。现在的年轻教师思想解放，但对规范认识不足，因此，规范培训是青年教师入门的必训内容。我校在系统学习教育部修订的《中小学教师职业道德规范》的基础上，重点开展了《福利一小教师一日常规》培训，从每日每个细节做起，让青年教师尽快养成良好的教育教学和日常行为习惯。

（三）业务培训

1. 班主任工作培训

主要包括以下两个方面：把机会留给青年教师，让他们早日走上班主任工作岗位。在区教育局对新班主任上岗培训的同时，重点对他们进行班级自主管理培训和后进生转化策略培训。同时以每周班主任例会、每学期班主任工作经验介绍与交流，使培训工作真正落到实处。

2. 教学基本功培训

主要包括以下几个方面：①教学常规培训。组织青年教师认真学习相关教学常规，包括制订计划、备课、上课、作业的批改、考试与讲评等，使青年教师明确教学工作的基本要求。②现代教育技术的应用培训。其中之一是课件制作培训。③课堂教学技能培训。通过教研组、备课组和师徒组合三个层面，在集体备课—听课—评课中提高青年教师的课堂教学技能，同时也促进了青年教师和中老年教师的交流，促进其课堂教学能力的提高。

3. 教学反思培训

青年教师要成为合格的教师，可以在实践中感悟或拜名师为师，模仿和向老教师学习是一条捷径，可以让自己少走弯路，缩短成熟期，但从基本胜任到成熟，则需要像科学家那样不断地总结反思，才能有所创新，逐步形成自己独特的教学风格。因此，我们在培养青年教师的过程中，经常运用交流、讨论的形式，引导青年教师反思自己教育教学中的不足，使其在反思中逐渐进步。

（四）学习文化培训

学校文化是一种与学习型组织相对应的以学习为基本特征的文化，学习型组织包括个人、团队、组织等层面的学习，通过系统思考，建立共同愿景，改

善心智模式，自我超越和团结学习，促进学习共同体的形成。根据学校设立的培训总目标，我校采取以老带新、以新促老的方式，带动全员培训，构建教师学习文化。

1. 确立学习为本

构建教师学习文化，要求学校每位青年教师都要有强烈的学习意识，具有爱学、乐学、笃学精神，同时，中老年教师也要树立终身学习的理念。为适应教育改革的新形势，学校着力营造学习氛围，努力创造学习条件，采取激励措施促使每位教师坚持不同形式的学习。

2. 培养自我超越

首先，学校确立三个理念：一是相信每位教师都有自我发展的愿望；二是相信每位教师都有提升的潜能；三是相信每位教师都能获得或大或小的成功。其次，学校为教师搭建平台，为他们创造发展的空间，如青蓝工程、读书工程、新秀工程、名师工程、校本论坛、教学擂台赛等教学活动，同时鼓励教师写教学日记、教学案例、总结教学经验，在否定和批判中拓宽教育的新思路，形成新经验、新方法，从而不断超越自我。

3. 优化心智模式

心智模式是我们每个人理解与看待周围世界的思维模式。青年教师一进学校，我们就要努力去优化他们的心智模式。我校通过对教育法规的学习、先进事迹的介绍、先进理念的更新，多渠道、多方位、多角度地让全体教师的价值观念和知识体系、认知水平等进行重组，从而统一思想，形成合力。

4. 建立共同愿景

共同愿景不是一个想法，而是存在于人们心中的一种令人深受感召的力量。我校通过校史、学校发展规划的介绍，让青年教师了解学校的远景目标和近期目标，使他们把近期目标和远景目标分解到自己具体的工作中。对于中老年教师，则帮助他们消除消极的"无所作为"的自卑心理，鼓励他们向青年教师学习，振奋精神，为实现学校发展目标再做贡献。

5. 进行系统思考

要让青年教师正确理解两种关系：工作和学习的关系；教师和学校的关

系。学校不以事论事，引导全体教师把自己的每项工作都与学校发展联系起来，把工作成效与学习的作用联系起来，促使教师顾全大局，加强自身学习。

近年来，我校的青年教师培训工作取得了一定的成绩。主要表现在：青年教师的教育教学能力有了较大提高，大部分35岁以下教师已经能够独立开展工作，基本站稳了讲台；大部分青年教师被学校聘为班主任，挑起了育人和教学两副担子，他们带的班级班风好、学习气氛浓；他们的科研意识得到加强，教育科研能力得到提升；同时青年教师还利用自己的优势（信息技术）反哺老教师，参与学校现代教育技术的普及应用培训工作，提高了老教师运用现代化技术教学的能力。学校以青年教师培训为载体，促使老教师树立学习即工作的理念，为打造学习型教师团队奠定了坚实的基础。

悦纳教师，让学校步入可持续发展的快车道

作为一名称职的学校管理者，应学会悦纳教师，使他们感到被尊重，从而充满自信地工作，这一点显得尤为重要。因为教师既是学校的被管理者，又是学校的管理者，能否确立以教师为本的管理观，使教师在管理他人和接受管理二者上实现内化为自主行为的双赢，是一所学校可持续发展的关键和决定因素。如何悦纳教师，笔者认为民主是悦纳教师的沃土，赏识是悦纳教师的甘霖，倾听是悦纳教师的和风，期待是悦纳教师的阳光。

一、民主是悦纳教师的沃土

学校管理的终极目标是实现学生的全面发展。这一目标的实现主要靠教师对学校决策和规章制度的贯彻执行，只有让全体教师认可与理解学校决策和规章制度的内涵及意义，并内化为他们的教育思想和观念，才能起到事半功倍的效果。要做到这一点，学校必须实行民主管理，让教师通过教代会参与学校的决策和管理。我校的教代会已历时十一届，每届两年。学校的重大决策，如工作方针、发展规划、改革方案、评聘办法、评优选先、规章制度、奖惩机制、教师考核和生活福利等都事先广泛征求教职工的意见与建议，经教代会讨论通过并将结果公开。悦纳教师，学校要创设民主、平等、和谐的管理氛围，建立良好的干群关系，给教师创设一个安全的心灵环境。只有这样，教师才能想学校所想，急学校所急。

二、赏识是悦纳教师的甘霖

所谓赏识是管理者运用一种欣赏的眼光去看待教师，通过对教师由衷的赏识，包括对其出色成绩的肯定与赞美以及对其失败和挫折时的支持与鼓励，帮助其树立自信心，使其不断成长、不断超越自我的管理手段。哲人詹姆士曾说："人类本质中最殷切的要求就是渴望被肯定。"同样，美国心理学家马斯洛的需求层次论也提到，人类的一种高级需求是被人肯定。而赏识的过程正是肯定一个人的具体表现。作为学校管理者该如何赏识教师呢？首先要善于发现教师的"闪光点"，哪怕是一丁点的光亮，也要用放大镜来"看"。其次要及时称赞，当发现教师在某一具体工作中取得一定程度的进步时，就要及时进行表扬，而且除了单独表扬外，还要在群体面前表扬，让大家为他喝彩。最后通过专题活动引导教师互相赏识，如学校三八节定期举行"悦纳自己·悦纳他人·幸福从教"沙龙活动、教师节举行以"欣赏同伴·悦纳自我·感恩他人"为主题的师德师风展示活动。活动中青年教师通过演讲、小品、诗朗诵等形式，回顾自己踏进福利一小之后的成长历程。在成长过程中，青年教师们悦纳自己，在遭遇困难时努力调整心态，历练自己，使自己走向成熟；大家相互欣赏，在同事和伙伴的身上，学习他们的长处；大家感恩他人，感谢福利一小大家庭的每一位教师和员工对青年教师的关心与付出。在老师们的相互欣赏中，有老教师的"老骥伏枥，志在千里"，有年轻教师的"恬淡静美，锲而不舍"；有语文教师的"平凡之中见伟大"，有数学教师的"坦率敬业"……在相互欣赏的过程中，许多平时被大家忽视的人和事凸显出来，许多老师的敬业精神让人感动，许多老师高超的育人艺术让人折服。在被夸赞的过程中，老师们也会感受到来自同事之间的关心，大家之间的关系更加和谐，为人师的幸福感更加强烈。

三、倾听是悦纳教师的和风

倾诉是一种强烈的欲望，是成年人都需要的。多数教师喜欢找校长倾诉心声，因此管理者要善于倾听。因为只有倾听，才能了解事情的真实情况；只有

倾听，才能捕捉到教师心灵深处的东西，处理事情就会有针对性；只有倾听，才能心中有数，想出解决问题的好方法。倾听是一种包容和理解，也是一种赞同和欣赏。很多时候，沟通结束后，教师会轻松地说"校长，其实没有什么事，说出来心里好受多了""校长，谢谢你耐心地听我发牢骚"……老师把想的、疑难的问题都讲完了，把郁积在心里的情绪发泄出来，心里就舒坦了，该怎么做，他自己就明白了，并不需要我们去指点什么，有时候就是需要简简单单地扮演这样一个倾听的角色。如何倾听呢？首先，管理者一定要以自己的真诚和灵活技巧化解教师的防御心理，赢得教师信任，让教师把管理者当作一个知心人，一个可信赖且无话不谈的朋友；其次，要做到眼到、心到、神到，因为一个真诚的眼神、一个坦诚的笑容、一个温和的手势，都能起到"此时无声胜有声"的效果。

四、期待是悦纳教师的阳光

管理者要承认教师的差异性，要用发展的眼光看待教师。引导教师在与同伴的交流中，发现自己的不足，分析原因，及时改进不足，有效地引导和调节教师的教育教学活动，逐步提升教师的专业素质。首先要引导教师制定个人发展规划，通过规划使每位教师明确学校对他的期待。要求每位教师根据工作实际、学校发展规划、自身教育教学优势及不足，制定个人成长目标，并通过教师成长册的制作实现成长目标，教师成长册分德馨厅、智慧轩、幸福苑、才艺圃、足迹园五个板块，共同记录教师成长的历程。其次是让教师在一次次的成功体验中获得自信，学校通过开展岗位创建活动，激发教师工作动力。设立六个先锋岗，即教学、读书、爱生、师德、服务、敬业先锋岗，学校为教师搭建各种平台，让每位教师将学校对自己的期待转化为现实。最后对教师分层要求，对所有教师提出一年适应、三年成型、五年成熟、八年成才、十年成名的目标，让教师明确学校对他们每一个个体的期待，对青年骨干多压担子，用工作锻炼，相信他们都能做好。

总之，悦纳能引导教师不断走向成功，批评抱怨会导致教师失去信心。悦纳是在承认差异、尊重差异的基础上产生的一种良好的管理方法，是帮助教师获得自我价值、自尊、自信的动力基础，是让教师积极向上、走向成功的有效途径。只要我们管理者能够真正理解教师、尊重教师、悦纳教师，那么教师心灵的花园就会阳光灿烂，春色满园，学校定会步入可持续发展的快车道。

直面流动之痛，实施同城待遇，破解教育难题

近年来，随着我国经济的迅猛发展，地处城乡接合部的兰州市西固区吸引了大批流动人口来此经商务工。福利一小地处城中村，村落式布局和相对低廉的房租，吸引了大批外来人口，进城务工人员随迁子女日益增多。当前学校在校学生1032人，其中流动人口子女的比例高达89%。这些学生都来自农村，家庭生活条件较差，缺乏良好的家庭教育和养成教育。最让学校头疼的是学生的流动性大，经调查，全校1032名学生中有转学经历的占52%，其中有多次转学经历的占19%。频繁地流动，影响了学校的管理工作和教学成绩。流动人口子女的思想道德教育问题日益突出，其健康成长成为学校未成年人思想道德建设工作中迫切而棘手的问题。基于此，学校直面流动之痛，把外来流动人口子女与当地学生"同城对待"，不歧视，不放弃，探索出了一条对外来务工人员子女思想道德教育的新路径，营造了有利于他们身心健康发展的环境，提升了他们的思想道德水平。

一、强化措施加强德育队伍建设

在学校德育工作中，校长室、教导处、大队部、班主任是实施德育工作的主力军。其中，班主任在学校德育工作中占很重要的位置，他们是学校教育工作的得力助手，同时又是沟通学校教育、家庭教育、社会教育的桥梁，班主任提高自身素质，是提高学校德育整体效果的保障。为此，学校制定并完善相关规章制度，高度重视班主任工作，选派思想素质好、业务水平高、奉献精神强的优秀教师担任班主任。学校各项管理工作、服务工作也明确育人职责，做到管理育人、服务育人。同时学校坚持开好"六种会",即每周一次主题班队会,每月一次班主任工作会,每学期一次班主任工作经验交流会,每学期两次家长会,每学期一次班队活动观摩会,每学期两次班主任培训会。让班主任在实践中互学互进,共同提高。几年来,我校在原有班级量化考核的基础上,修订完善班级量化考核办法,结合三种习惯的培养,全面培养学生良好的行为习惯。

二、德育渗透、言传身教树立学生自信心

培养学生良好的学习习惯、思维品质、竞争意识和合作精神,与课堂上的德育渗透是分不开的。学校要求全体教师充分利用学科优势,挖掘教材中的德育内容,把社会主义核心价值体系渗透到教学之中,使学生在课堂上既学到了知识,又受到了思想教育,推动社会主义核心价值体系进课堂、进头脑,培养高尚品质和良好道德情操,如在本学期流动人口子女思想道德建设研讨月活动中,几位老师的德育渗透活动非常精彩。王怀玲"我是武汉小导游"、马克华"画出心中的美"德育渗透活动巧妙、和谐,鼓励学生树立自信心,感受生活中的美,使不同层次的学生都得到发展。自主开发的校本教材《诵读经典》使传统教育与道德教育有机融合,每册有景物描写、礼仪、友谊、爱国、理想合作、励志六个篇章,共30篇课文。《弟子规》、《三字经》、唐诗宋词、《论语》等都是选材的内容,每篇课文都是经典古诗文,学生背会古诗文不仅可以积累文学知识,汲取精神养料,还可以提升道德修养,使其在古诗文这片精神乐土中流连忘返。

三、活化载体充分展示孩子们的聪明才智

各类活动是学校未成年人思想道德建设的重要载体。在活动中,孩子们获得了知识,习得了涵养,懂得了道理;享受到了活动的温馨与快乐;领略到了经典文化的魅力,展示了自己的聪明才智。"常规加特色"是学校活动育人的追求,通过努力实践逐步形成了"特色环境文化、读书节、亲子活动、实践活动"等几道德育工作的特色风景线。学校主要抓了三个方面的工作:一是安全教育活动长抓不懈。建立起完善的学校安全工作制度,充分利用宣传栏、晨会、班会、

上下午放学前的时间等，帮助学生确立安全意识，严格课间、午间活动，尽可能地杜绝追逐、打闹现象，规范自主行为。值周教师课间定点定时巡视，随时处理学生中的应急情况，并采用各种形式对学生进行安全教育，如开学第一天进行一次全校安全疏散演练，校少先大队举行了"珍爱生命，安全出行"系列活动等，保证了学生的在校及出行安全。二是常规德育活动扎实有效。每年1—2月是寒假走进社区活动，3月是礼仪节，4月是读书节，5月是体育节，6月是艺术节，9月是英语节，10月是爱生节，12月是科技节，这些常规的德育活动使学校变成了"月月过节，天天快乐"的乐园，为学生的健康成长搭建了平台、增强了德育的实效性。每年一次的六一表彰活动，学校从不同的视角表彰"学习之星、文明之星、礼仪之星、艺术之星、体育之星、劳动之星"等各类校园明星，并在学校最醒目的位置展示校园明星的事迹，学生的成就感、荣誉感在此得到最大限度的展现。三是特色德育活动成效喜人。学校推出"营造书香校园"计划，每年4月19日定期举行读书节展示活动。本着继承传统、精办活动、人人参与、突出特色的原则，以"小手拉大手"的形式，引导家长一同参与读书活动，营造良好的读书氛围，争创书香校园。千人吟诵、亲子朗诵、校园剧、古诗吟诵吟唱、读书报告、古诗接力赛、成语相声等一项项富有新意的读书展示活动得到家长及到场嘉宾的一致好评。

四、健全网络，全力构筑三位一体教育体系

我校构建了学校、家庭、社会三位一体的德育网络，并开展了有针对性的共建育人活动。家校共建：本着"帮助家长提高素质，宣传国家的教育方针、政策、法规，宣传正确的教育方法，促进学生和谐发展，密切联系家庭与学校、社会的关系"这一目标，坚持认真办好每期家长学校活动。学校教育与家庭教育互补，通过学生将文明教育向社会辐射。学校通过专家讲座、优秀家长经验介绍、新生家长培训、优秀家长评选、亲子实践活动、学校教育开放日、家校联系册、家访、短信传送等途径，有效地促进了教育合力的形成。家校共建活动"福利一小表彰'教子有方'优秀家长"被《兰州鑫报》做了专题报道。社区共建：学校与西固区派出所、城铁路公安所，联合进行出行安全与铁路

安全教育活动，定期对学生、教师进行安全、消防安全教育讲座，又与四季青街道联合进行了"说好普通话"宣传活动，同时学校定期开展"学校文化进社区"活动。

五、营造氛围，以校园文化唤起理想人生

学校制订了切实可行的校园文化建设方案，采取了富有实效的措施，取得了显著的育人效果。已完成表层的物质文化美化工作，共设计完成六大系列：特色活动系列（读书节、科技节、英语节、艺术节、体育节）、养成教育系列、生命教育系列、办学理念系列、楼道文化系列（通话长廊、励志长廊、艺术长廊、科技长廊）、班级文化系列，校园文化作品合计360幅。班级文化各具特色，有班级名片、文化墙、评比栏、读书角等，每一张名片、每一堵墙壁上都蕴含着各班学生的学习目标。学校充分利用板报、橱窗、走廊、墙壁、地面、建筑物等一切可以利用的媒介展现教育理念，如张贴、悬挂革命领袖、英雄人物、劳动模范、科学家、艺术家等杰出人物的画像和格言，制作、设计介绍家乡自然风光、风土人情、建设成就的图片和文字，绘制、创作引导学生勤奋学习、健康生活、养成良好行为习惯的卡通人物形象等，特别是鼓励、展示学生自己创作的作品，引导学生确立远大志向，从规范行为习惯做起，培养良好的思想品德。目前学校里浓郁的校园文化，"以人为本"的理念渗透其中，师生在这样的校园里学习，能受到潜移默化的熏陶，濡染大师的人格和智慧，感受中华民族优秀的文化传统，并贯穿学生的言谈举止中，落实到学生的为人处世中，融入学生的血液中，成为学生富有个性的文化。

让幸福教育之花在校园绽放

福利一小以"福"文化为引领，同时以"3368"（即三福、三书、六礼、八个主题月）工程为载体，积极探索学生全面发展的教育规律，拓宽教育渠道，创新教育形式，努力提高教育的实效性和针对性，让学校的"幸福教育"绽放出了夺目的光彩。近年来，学校以丰富多彩的教育教学活动为抓手，从修养福德、培养福行、蕴养福慧和涵养福能四个方面促进了学生德、智、体、美、劳全面发展。

一、修养福德——夯实学生德育教育

（一）开展"六礼"活动，促进学生德育发展

学校以学生为本，关注学生成长的各个阶段，并开展"六礼"活动，见证孩子童年的成长。

一年级入学礼，开学第一周，我们带领孩子认识校园、认识老师、了解小学生行为规范，学习列队、集会等具体的小学生活，让学生做好从幼儿园到小学的心理转变。二年级文明礼、三年级成长礼、四年级诚信礼、五年级感恩礼，通过四年的学习成长，让学生们学习文明礼仪、懂得认识自我、诚信待人，知道感恩。每年的后半学期以班级为单位，用主题队会的形式为学生提供展示的平台，共同见证孩子的成长历程，修养孩子的福德。六年级毕业礼，六年的童年经历、六年的成长足迹、六年的陪伴，孩子们在六一期间完成毕业礼展示，主要以小学的成长收获及对母校的感恩为主题，孩子们用丰富多彩的节目展示才艺，表达了内心的感恩与不舍。

（二）以传统节日为契机，扎实开展德育教育

清明节，学校组织全校学生参加清明网上祭扫、观看红色电影、讲述红色故事、唱诵革命歌曲等活动，学习革命烈士的革命精神。组织学生赴烈士陵园祭扫先烈，通过实践继承并发扬革命前辈的光荣传统。端午节，学校联合社区组织开展"小福娃牵手夕阳红，社区献爱心""端午节敬老活动"，学生们把精彩的节目和祝福送到孤寡老人身边，让学生们在活动中体会敬老、爱老的传统美德，并将中华民族的传统美德发扬光大。重阳节，学校带领学生们走进孤寡老人的家中，帮助老人打扫卫生，陪老人聊天、与老人一起过团圆节，通过这样的活动，让学生们学会感恩与奉献，培养其良好的品行。

二、培养福行——为学生全面发展奠基

学校以"八个主题月"活动为载体，培养学生的福行，促进了学生的全面发展。

"文明三月"以"学雷锋日""妇女节""植树节"为契机，开展以"互助·感恩·环保·文明"为主题的系列活动。3月，我校开展"学雷锋，献爱心——为本校五（1）班患白血病的陈浩同学捐款"活动，短短两周时间，全校师生、家长共捐款近8万元，为陈浩同学的前期治疗减轻了经济压力，也为陈浩同学战胜病魔增加了勇气。在妇女节来临之际，我校号召学生在家里表达感恩，为妈妈做一件事、干一项家务，帮妈妈洗洗脚、端一杯茶，对妈妈说一句感恩的话……以植树节为契机开展"环保护绿进社区"和"亲子种植"活动，号召学生保护自己身边的环境，与爸爸妈妈共同种植一株植物，并照顾它长大。以文明为主题，在全校范围内开展"文明祛斑"活动，纠正学生的不文明习惯，让学生心怀感恩，带着雷锋精神，将文明的种子播撒在校园内外的每一个角落。

"书香四月"以读书节为契机开展学校读书节活动，从全校孩子的"古诗考级""阅读考级"，到低年级孩子的亲子朗诵，再到"我的美丽小书屋""书香家庭""悦读小福娃"的评选，各个活动中都渗透着浓浓的书香气息，孩子以读书为乐，以读书为荣，真正激发出孩子的阅读兴趣。

"阳光五月"以健康、和谐为主题，每年都会举行"阳光体育运动会"和心理健康系列活动。在骄阳下，孩子们努力拼搏，体会运动乐趣的同时，也锻炼了身体。

"感恩六月"，精彩的六一文艺会演、六年级毕业礼、学习百名美德少年感恩事迹、制作感恩卡、感恩主题征文、感恩演讲比赛等一系列活动，表达着孩子对家人、同学、老师、祖国、社会的感恩之情。

"魅力九月"，我校开展了"假期作业展览""猜字谜""口算接力""英语周"等有趣的活动，孩子们兴趣高涨，努力在活动中展现自己。

"激情十月"，在"唱红歌·诵经典·承中华美德"、"践行核心价值观，争做阳光好少年"讲故事比赛、"三爱三节童谣传唱"等活动中，让孩子们体验爱国情感，激发民族自豪感，从而帮助其树立正确的人生观、价值观。

"畅想十一月"，孩子们沉浸在自己的科技创新世界里，大胆动手，积极动脑，一位位"创新小福娃"应运而生，一件件让老师惊叹的作品在小手中诞生，一个个创新的思维在校园里飞扬。学校又开设了"机器人""桌式足球""DI创新思维"等科技小组，聘请有经验的专业老师指导孩子们创作，并鼓励他们积极参加"机器人大赛"等科技含量更高的比赛，切实提升他们的科技创新能力。

"回眸十二月"，学校组织"博艺小福娃"才艺大比拼活动，让孩子们充分展示自己的特长，书法、演唱、舞蹈、口技、魔术……各类项目应有尽有，我们通过比赛传递正能量，促进更多的孩子全面发展。

三、蕴养福慧——为学生的快乐成长导航

（一）开设多级课程，促进学生智育、体育与美育的发展

近年来，我校在国家课程、地方课程开设的基础上，自主研发了具有学校特色的课程体系——福韵时光。福韵时光分为道德素养、人文素养、审美素养、科学素养、身体素养五大类，近30门选修课程，其中有"身在西固""七彩油画棒""爱上十字绣""韵之舞"等。2016年，学校继续致力于课程建设，大力引进诸如桌式足球、陶艺、机器人、DI创新思维、独轮车、国际象棋

等助力学生全面发展的特色校本课程，共30门，以助力学生智育、体育与美育的发展。

学校大力倡导级本课程的开发，丰富学生的学习生活，提升学生的综合素养，让他们享受幸福教育的快乐。同时还大力发展学生合唱队、体育舞蹈队、田径队、篮球队、足球队、软垒队、腰鼓队、武术队。本学期，软垒队在相关教师的组织下，坚持训练，参加了各种比赛并取得了喜人的成绩。学校先后被授予"全国软式棒垒球实验学校""全国中小学舞蹈教育传统学校"称号；获得第十六届中国青少年机器人甘肃赛区赛先生科技教育进步奖、西固区中小学田径运动会总分第一名、兰州市第六届合唱比赛小学组一等奖，并应邀在"西固之夏"百姓舞台进行演唱。

学校还以艺术特色和快乐校园的创建为动力，以音、体、美特色教学改革活动为突破口，进行了"一班一品"班本课程的打造与开发。各班自行选择一至两项艺术技艺进行训练，音乐方面有口风琴、口琴、葫芦丝；美术方面有简笔画、刮画、简单手工制作、过渡色油画棒、立体画等；体育方面有体操训练、花样跳绳、五步拳基础套路、韵律操等。

（二）创新假期作业展览，培养智慧小福娃

近两年，学校举行了"分年级、分班级"的大型暑假作业展评活动，涌现出了一大批智慧小福娃，极大地调动了学生们的学习热情，让爱学习的品质在学生心中生根发芽。在活动的开展过程中，学生、教师、家长行动积极，共同参与布置本班级的展区，设计出了具有自己班级特色的展品。在课间和放学时总能看到家长与学生驻足观看的身影，静静地翻阅，细细地欣赏，啧啧地夸赞。

四、涵养福能——为学生幸福人生扬帆

（一）合理利用"福地"，扎实开展劳动教育

学校将校园中可利用的土壤开发为学校劳动教育实践基地，合理划分，三到五年级每个班认领一块实践基地，在班主任的精心组织和家长辅导员的合理指导下，各班学生从翻土、播种、拔草、浇水中感受到劳动的伟大与植物生命力的顽强。

学校开展"亲子种植实践"活动，倡议全校学生在家庭里和家长共同种植一盆花，并用照片、绘画、文字等不同方式认真记录它的生长过程，制作出"绿宝宝成长册"，在7月或9月的"亲子花博会"上，展示种植成果并进行评奖，我校"亲子花博会"活动的信息被金城西固客户端及西固政务网选登，引来了如潮好评。

（二）健全"三位一体"教育网络，组织开展社会实践活动

学校建立健全"三位一体"教育网络，利用各种方式开展学生社会实践活动，如：利用"学雷锋日"组织学生参加公益劳动；假期组织学生参加社区书法、健身等活动；指导调查所在社区的水源、卫生情况等相关活动，有效地开阔了学生的视野，拓宽了学校的教育空间。学校还联合西固区交警大队开展交通安全宣传教育活动；与福利路社区、司法所、山丹街派出所联合举办"法制教育"活动；与西固区人民法院联合开展学校"模拟法庭"活动；带领学生进社区，开展"环保护绿"活动；等等。通过上述活动，进一步拉近了学生与社会、学校与家长的距离，让学生更好地认识社会，让社会有机会为学生提供教育环境，进一步促进教育合作，为学生提供全方位的受教育机会。

（三）组建家长志愿者团队，开展家长讲堂活动

为进一步挖掘家长资源，拓宽学校教育领域，从2016年3月起，学校策划并启动家长志愿者进校园活动，让有特长、有能力的家长参与教育教学活动。学校共组织"橙、红、绿、蓝"四个家长志愿者团队，"橙队"为安全护卫队，负责校园及周边安全隐患排查，此项活动每周一进行，由于是孩子的爸爸妈妈进行的安全隐患排查，所以能发现更多的问题。"红队"为协助学生开展大型活动队，负责协助学校开展大型活动，如六一节、读书节、运动会时，都会有红队家长协助帮忙。"绿队"为实践活动队，负责组织并开展学生外出实践活动，如清明节去烈士陵园扫墓活动，就会有绿队家长志愿者参与策划和组织。"蓝队"为家长讲堂队，负责为学生开展与生活息息相关的教育内容，一年级请一位牙医家长为学生们带来以"保护牙齿"为主题的家长讲堂；五年级请一位出租车司机家长为学生们带来以"安全点滴"为主题的家长讲堂。不同的视角，不同的特长，给学生们带来更多的精彩课堂，也教给学生们更多的生活技能。

学校通过系列教育教学活动，关注学生的全面发展与个体发展，有效搭建平台，让学生在"福"文化的熏陶下，在丰富多彩的活动中健康成长，但面对日新月异的时代发展、学生思想观念的迅速更新，学校的教育之路、创新之举任重而道远。福利一小全体教师将用心守望，为培育健康向上的小福娃再尽一把力，让幸福教育之花在校园绽放得更加绚烂！

教学篇——

言为心声

拨动学生语言的琴弦

——谈口语交际教学的点滴体会

口语交际指日常的生活交际，其教学目的是让学生学会口语交际，以便在生活当中更好地与人交往。《义务教育语文课程标准（2011年版）》（以下简称"语文课程标准"）指出："口语交际能力是现代公民的必备能力。应培养学生倾听、表达和应对能力，使学生具有文明和谐地进行人际交流的素养。"因此，口语交际课显得尤为重要。在教学中，我经常自以为准备得很充分、预设得很精妙的一堂口语交际课，却常常上得并不精彩：只有少数学生侃侃而谈，多数学生面无表情地充当"倾听者"的角色。这种学生参与面不广、互动困难的局面，着实棘手。课后潜心思考，我认为"交际话题"的选择与设计是造成学生"金口难开"的主要原因。那怎样才能拨动学生语言的琴弦呢？我觉得应尽量选择贴近学生生活的交际话题，因为一个开放的话题足以让学生乘起想象的翅膀，在童心与经验、想象与诗意构建的世界来回穿梭、自由翱翔。由此，让学生有话可说、有话想说是解决问题的关键。

一、贴近生活，让学生想说

叶圣陶先生说："生活如泉源，文章如溪水。泉源丰富而不枯竭，溪水自然活泼地流个不停。"生活是口语交际训练的广阔天地，是口语交际的源头活水。为了激起学生的兴趣，根据教学内容不断地创设生活情境，让学生回归自然、回归生活、回归儿童快乐的天地中去。走进生活，开阔心境，娱悦精神，

就能激发学生表达的欲望。

在口语交际教学中，教师要用心捕捉现实生活中的现象，诱导学生用学过的知识和自己的认知能力参与，在这一过程中锻炼学生的口语交际能力，如我在班里开展过帮门卫梁爷爷种植葫芦的活动。从学生亲自播种、浇水、施肥到结果，经历了葫芦生长的全过程。当葫芦挂满葫芦架时，我带学生来观看他们的劳动成果。学生们在葫芦架下，像小鸟一样叽叽喳喳，激动万分。当我看到学生们激情高涨的时候，因势利导，就地上起了口语交际课。结果，这节口语交际课也让同学们兴奋不已，一个个争先恐后，小手不断地举到我的眼皮底下，生怕老师看不到，有的同学甚至"违反"课堂纪律不请就说，三个一堆，五个一群议论着。有的学生说："老师你看，那个葫芦娃在微风中轻轻摆动，就好像在悠闲自在地荡秋千。"有的学生说："这两个葫芦挨得好近呀，就如同两个好朋友似的，正在面对面你一句我一句说悄悄话呢。"有的学生说："瞧，这两个葫芦一大一小，就好似母子一样，葫芦妈妈正在给葫芦宝宝讲故事呢，葫芦宝宝听得多认真呀。"……真是看得尽兴，讲得放松。

这种从学生实际生活中采撷的口语交际话题，让学生有话可说，有话想说，更有不说不愉快的激情。其实，学生的日常生活是丰富多彩的，学习生活也是五彩缤纷的，只要我们做生活的有心人，善于关注生活中的点点滴滴，捕捉生活中的灵动瞬间，就会真正开启学生说的欲望。

二、活用教材，使学生敢说

教材所编排的口语交际话题，虽然图文并茂，但我们若拘泥于教材，依据教材静态地展开口语交际实践活动，只会使口语教学走进死胡同。语文课程标准指出，口语交际教学活动主要应在具体的交际情境中进行，让学生承担有实际意义的交际任务。因此，教师在实施教学过程中必须根据学生的生活实际，采用适当的策略，创造性地运用教材，努力实现话题与学生生活的零距离，如教学《招待客人》，就是因为我巧妙的设计使整个口语交际教学过程变成了师生全员参与的过程。首先，我扮演客人，分别与同学握手、打招呼等，引发学生第一次口语交际激情；接着，我以旁观者的身份出现，为学生安排好道具，引发学生第二次口语交际激情，让学生与学生间更好地交流；最后，我又以加入者的身份，分别扮演姜阿姨和妈妈，第三次引发学生的口语交际激情。因此，整节课的流程环环紧扣，层层推进。

教学过程是师生交往、互动的过程，新课程的预设也就必须为师生交往、互动服务。学生作为学习活动中一种活生生的力量，带着自己的知识、经验、思考、灵感参与到课堂活动之中，使课堂变得丰富、多变与复杂。课堂教学不可能也不应该预先设定好教学程式而机制地实施，它只能结合教学内容和教学目标预设好课堂教学的情境与活动。这样，每个学生才能真正地走进生活化的交际情境，才能有话想说、有话可说。

当然，我们不可能将所有的口语交际内容都付诸学生的生活实践，但我们可以通过模拟生活，再现生活场景，尽量缩短交际话题与学生生活间的距离。

三、形式新颖，促学生乐说

苏霍姆林斯基说："儿童是用形象、色彩、声音来思维的。"教师要掌握儿童的这一心理特点，创设各种活泼新颖、生动有趣的形式，让学生在玩的过程中交流，在交流中学说话，如我安排班上的学生每天放学回家后按时收看内容有趣、情节生动的少儿频道，记好自己认为最有趣的节目，第二天上学后，利用第一节语文课的前五分钟让学生说一说、评一评（学生分组轮流）。还让学生模仿节目中的人物形象，让他们演一演、议一议。平时让他们在画一画、做一做、贴一贴的前提下，再不露痕迹地引导他们说一说。这样，他们口语交际的主动性就会被激发出来，学生就会带着情感，怀着浓厚的兴趣，走进交际情境。

在口语交际教学时，教师要把培养和训练学生敢于表达自己见解放在首位，创设多种贴近生活的情境，给学生以充分展示自己的机会，发展学生的思维，轻轻拨动学生语言的琴弦，让每个学生都能在和谐、宽松的气氛中进行口语交际。

　　总之，培养学生的口语交际能力不是一蹴而就的。陶行知先生说："先生的责任不在于教，而在教学生学。"我们应在课堂教学中教给学生点石成金的指头，而不是一堆金子，要教给学生学习的方法，培养学生的交际兴趣，让学生的思维得到拓展，其口语交际能力也会得到提升。

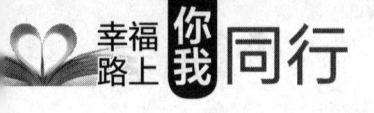

构建开放式的习作教学体系初探

素质教育呼唤人的主体性发展以及创造能力的培养。作文教学在培养学生的创新精神、创造能力方面具有丰富的内涵和独特的优势，但目前小学作文教学是封闭型的，作文内容与学生实际生活脱节，重课内轻课外，致使学生被动作文，心态消极，生编硬造；课堂上教学手段单一，往往采用灌输式的教学手法，千篇一律地指导审题立意、选材谋篇，过分强调共性，压抑了学生的个性发展，忽视了学生对作文"自主"和"自立"的心理需求，有意无意地造成了学生心理上的障碍，因而，学生普遍缺乏主体精神和创新意识。要改变这种现状，必须构建开放式的习作教学体系。

一、开放的习作环境

语文学习的外延与生活的外延相等。社会即学校，生活即教育。开放的习作环境，就是打破学生"学校—家庭"两点一线的生活学习轨道，顺应学生的天性，引导学生到语言与思维的"源头"——大自然、社会生活中去学习语文。"作文源于生活"。因此，我们让学生走出学校封闭的空间，有意识地组织学生观察风雪雷电，日出日落；让学生走向社会，了解超级市场，城镇环保和乡村变化，采访人物等，如指导学生描写春天，先组织学生春游，寻找春天，寻找新颖独特的题材，进而激发学生的兴趣，他们在广阔的天地里开阔了视野，克服了习惯性的思维方法。他们敏锐地发现可以从各个侧面描写春天，有的学生写的是"森林寻宝"，有的学生写的是"××公园一角"，有的学生写的是"险过一线天"，还有的学生写的是"智夺'高地'"等，这样一来，

学生就写出了属于他们自己的个性作文。

二、开放的习作内容

生活是丰富多彩的，学生所写的反映生活的内容理应是多元的、多彩的，不要让学生只写一些写人、记事、状物的文章，要把各种题材都引入习作训练之中。

（一）尝试写儿童诗、童话、寓言

可以适当让学生尝试写他们喜闻乐见的儿童诗、童话、寓言等，让学生以这种方式来反映生活，这很符合小学生的口味，如学生写的《猫和老鼠》，这个寓言故事主要反映了现在的不正之风——行贿受贿，即老鼠提着鱼来贿赂守粮仓的猫，让它网开一面，因为自己要偷吃粮食。从这反映出学生具有敏锐的观察力，真实地反映了现在社会上存在的不良风气。再如，学完了儿童诗《找夏天》，"花裙子，白衬衫，我到城外找夏天。夏天在哪里，夏天在湖边。……"学生写出了《找春天》《找冬天》等诗，从诗中表现出他们奇特的想象力，富有童趣的语言，激发了他们写诗的兴趣。

（二）加强交际应用的作文训练

我在教学中尝试让学生给自己的照片、图画写文字说明，为自己的科技小作品写解说词，给旅游景点写导游的解说词，还可以指导学生写建议书、倡议书等，如我在教完《鸟的天堂》这篇课文后，让学生给"鸟的天堂"这个旅游景点写解说词，要写出"鸟的天堂"这个旅游景点的特色来，学生兴致高昂，都写得十分精彩。写完后，又进行了朗诵比赛，让学生以导游的身份来现场介绍"鸟的天堂"这个旅游景点，他们个个精神饱满，俨然一位小导游，绘声绘色地做起了现场解说，取得了良好的课堂效果。

（三）重视学生写想象作文

爱因斯坦说过："想象比知识更重要，因为知识是有限的，而想象力概括着世界上的一切，推动着进步，并且是知识进化的源泉。"为了培养学生的想象能力，我常让学生写一些这样的作文，半命题作文："××的自述""未来（人、衣服、房子、汽车、飞机、电脑、玻璃……）""××年以后的

（我、你、他）/（家庭、学校、变化……）""我在××年（或未来的某一天）""假如我是（老师、医生、家长、市长、营业员……）""假如我有了钱""××年以后的地球"等，这类题目趣味性强，想象空间大，符合学生的年龄和心理特点，能有效地提高他们的创造性思维能力，激发和培养他们对科学的兴趣，以及热爱科学、立志献身科学的热情。结果，学生们的作文写得特别好，一篇篇热情洋溢，且很富有想象力。

三、开放的表达形式

多种形式的作文训练，可以有效地激发和培养学生的创造性思维，进而促进学生创新能力的发展，我认为可以通过以下几个方面来训练。

（一）多角度立意

就是引导学生对同一题材，从不同角度进行审视，确定不同的中心，从而写出具有不同立意、新颖、独特的作文。如组织学生爬山，活动结束后，让学生以"爬山"为题作文。一部分学生的立意是：世上无难事，只要肯攀登；一部分学生的立意是：遇到困难，只要勇敢地面对，就能克服；大多数学生的立意是：爬山能锻炼一个人的身体；还有的学生立意是：只要持之以恒，就能取得胜利。

（二）多方面选材

就是引导学生围绕同一命题或中心，从不同的方面选择不同的题材，力求选材新颖，与众不同。如以变化为题，可以写路的变化（泥路—石子路—水泥路），房子的变化（土房—瓦房—楼房），夏天驱暑工具的变化（扇子—电风扇—空调），炊具的变化（炉灶—煤气灶—微波炉），也可以写电视机的变化（黑白电视机—彩色电视机）等。

（三）多方式表达

就是引导学生对同一内容，采用多种表达方式，以求构思新、表达巧，给人耳目一新的感觉。在结构安排上，可选用顺叙、倒叙、补叙、插叙，还可以采用先分后总、先总后分、先因后果、先果后因等多种形式。

四、开放的评改途径

作文的批阅、讲评只有老师一人，这对于培养学生的作文能力不利。叶圣陶先生说，"'改'的优先权应该属于作文的本人"，所以，作文教学要着重培养学生自己改的能力，应从以下两个方面进行尝试。

（一）日记

对于日记，我采用小组轮流制进行批改。这种方法是每周由小组的一位成员来当"小老师"，由他批改本小组的日记。这样依次类推，采用轮流负责制。每周教师只批改"小老师"的日记。这样，每位学生都有当"小老师"的机会，同时每位"小老师"的日记老师有时间进行详细批改。这样不但锻炼了学生批改的能力，同时还借鉴了别人写作的长处，激发了他们的写作兴趣。

（二）作文

对于作文，我也尝试让学生进行修改。有时学生自己先修改，有时同桌互改，有时小组修改。这样做刚开始花费的时间多，收效甚微，但随着时间的推移，学生修改作文的水平提高，成效也越来越显著。但评改要注意尊重习作的原意，要以激励为主。

我们知道作文是开放性的教学体系，在教学中，我们不能再进行封闭式教学，只有开放，作文教学才有创新。只有这样，学生才能从被动作文向主动作文再从主动作文向自能作文的方向转变，才能激起学生写作的兴趣，才能为真情而写作，才能写出具有个性的作文。

让情境成为口语交际教学的雨露

语文课程标准指出："要在课内外创设多种多样的交际情境，让每个学生无拘无束地进行口语交际。"然而，综观目前的口语交际课堂，却常出现这样尴尬的场面：冷冷清清——教师望眼欲穿，学生一言不发；半冷半热——一些学生跃跃欲试，一些学生若无其事；忽冷忽热——有时学生积极参与，有时无人问津。

因此，为学生创设交际情境，使学生有一种身临其境、似曾相识的感觉，进而引发学生口语交际的欲望和热情，促使他们进入交际情境，他们的语言才会如同涓涓细流，流出心田。

一、用魅力的语言撞击学生的心灵

心理学研究表明，思维通常是由问题产生的，并以解决问题为目的。课本中的一些内容经过教师口头生动地描述，会更形象地进入学生的大脑，激活学生的思维，与学生心灵碰撞出火花，使学生产生强烈的表达欲望，渐渐地走进交际情境。

在一次口语课上，我播放了一段悠扬的音乐，然后由歌德的一句名言"读一本好书，就是和许多高尚的人对话"自然引出口语交际的话题——推荐一本好书。接着，向学生介绍一些好书，他们听着我的介绍，一个个露出渴求的目光，因此，我让学生介绍自己喜欢的书。从学生的兴趣出发，点燃学生表达的欲望火花。这时学生表达的兴致很高，有的学生说《哈利·波特》想象神奇，引人入胜；有的学生说《十万个为什么》既丰富知识又启迪思维……我顺势进

行语言引导：你们都拥有一双慧眼，带来了一本本好书。如何让更多的人了解你手中的好书，喜欢上你推荐的好书呢？

通过这样一个简单的情境创设，学生有说的话题，有说的内容，而且内容丰富多彩，从各自的兴趣出发，同学们说的欲望呼之欲出，为口语交际营造了良好的氛围。

二、用大胆的想象打开学生的思路

（一）利用多媒体，创设情境

多媒体课件画面精美好看、语言自然贴切、声音悦耳动听、情境生动逼真，使学生想看、愿意看，不知不觉、自然而然地融情入境，为学生营造了一个想象的空间，使其产生情感共鸣，调动交际的兴趣，激发表达的欲望。这不仅有利于学生捕捉说话的内容，还有利于他们现场发挥，使他们的表达更逼真、更生动。

1. 展示图片，再现情境

展示图片能起到启发学生思维，激发学生交流欲望的良好作用。直观图片容易与学生们丰富的形象思维发生碰撞，并产生出美丽的联想，学生会充分感受形象，进入情境，就能有效地让学生对图画的内容情节进行描述和续编。

在《我来当导游》的教学中，我首先启发学生，"如果有客人到你的家乡参观访问，请你做小导游，你该如何介绍自己的家乡？"然后展示一系列图片，迷人的自然风光、令人向往的名胜古迹、珍奇的动植物、丰富的矿产资源、与众不同的民风民俗……利用精美的图画，让学生感受美丽场景，指导学生介绍自己的家乡，激发他们对家乡的赞美、喜爱之情。

2. 播放音乐，培植情境

情感是音乐的灵魂，音乐最能拨动人的情感。音乐的语言是微妙的，也是强烈的，给人以丰富的美感，往往使人心驰神往，它凭借特有的旋律、节奏，塑造出音乐的形象，把听者带到特定的意境中。音乐语言与文字语言一致，会获得意想不到的效果。因此，播放音乐渲染情境是一种重要手段。

（二）抓住课文内容，创设情境

学生的口语交际能力是通过在具体情境中进行的实践活动培养的。如果没有具体的、学生熟悉的情境，就很难锻炼学生的说话能力，更难以达到双向互动的目的。因此，设置一个良好的说话情境，能在口语交际教学中起到关键作用。在课堂中，教师应注重引导学生学会交际，在生活中实践交际的能力，实现练于课堂，得益于课外。

在语文教学中，利用课文内容进行拓展、创造，有意识地创设多种多样的口语交际情境，可以激发学生的学习兴趣、学习动机，有效地提高学生的口语交际能力。

三、用丰富的表演激发学生的热情

学生只有对学习材料感兴趣，才会产生情感，情感又会触发语言动机，提高语言技巧，使学生有话可说、有话要说。孩子最善于模仿和创造，利用学生的"表演"才能，创设情境，语文课堂就会充满生机与活力。在表演中借助语调和语气、表情和手势，为口语交际"锦上添花"。

《三国演义》塑造了诸多有血有肉的英雄人物，学生对于这些人物及其故事表现出了极大的兴趣。为了学生能更多地了解历史，也为了给学生创设一个展示自我、相互交流的机会，组织学生上了一堂表演的活动课。课上，同学们争先恐后地上台，尽情地展现自我。

学生具有很强的表演愿望，让他们参与表演，既能创设一个大的语言环境，又便于学生直接进行换位思考，培养其听话、说话能力和语感。

四、用生活的场景打开学生的心扉

语文课程标准指出：口语交际必须努力选择贴近生活的话题。只有交际的话题来源于生活，贴近学生的生活，才能使学生对话题本身感兴趣，因而愿说、有话可说，才有可能说好。生活是口语交际的源泉，再现生活中的情境，让学生置身于虚拟的生活情境中观察、表达，是创设情感体验、激发思维和口头表达能力的动力源泉。因此，需要教师在课前做大量的准备，多做预设，随时准备解决交际过程中生成的问题，只有如此，才能达到预期的效果。

让情境成为口语交际教学的雨露，才能更好地激活学生的思维，调动学生的生活体验，激发学生口语交际的兴趣，使学生想说、敢说、乐说，口语交际之花才会越开越灿烂。

让思维的火花在阅读中碰撞

——浅析阅读教学中促进思维发展的有效途径

语文课程标准指出：阅读教学应"提倡多角度的、有创意的阅读，利用阅读期待、阅读反思和批判等环节，拓宽思维空间，提高阅读质量。"按照课程改革的理念，课堂教学应成为教育创新的平台，是师生点燃灵感、激发创新、集聚智慧的舞台。教与学作为一个有机整体，教师在阅读教学中不仅要注重教的艺术，更要注重学的方法；教师应尊重学生的主体性和自主性，重视学生个性的张扬，引导学生采用自己的学习方式进行学习，鼓励学生自己去发现、去创造，在师生互动中启迪学生的思维，使其获得多方面发展。

一、个性阅读，激活思维细胞

语文课程标准指出："阅读是学生的个性化行为。""不应以教师的分析来代替学生的阅读实践。"因此，阅读教学应该给学生提供自主解读文本的空间，让学生在积极主动的思维情感活动中体验感悟，获得思想启迪，享受审美乐趣。

如理解《冬阳·童年·骆驼队》一文中"我是多么想念童年住在北京城南的那些景色和人物啊！"这句话时，教师引导学生："你从中读出小英子对童年怀有怎样的感情呢？"

学生1：怀念，感到珍贵、快乐，觉得自己童年很傻，很想回到童年……

学生2：可能有点感伤，她想把童年留在脑海，所以写下来，在写的时候，

她肯定会想，小时候怎么会那么傻，可能还会边写边笑吧……

学生都有自己的思维方式和个性特点。学生是发展的人，他们身上都蕴藏着巨大的潜力，尊重他们的个性阅读是实现创新思维教育的前提。只有个性得到了充分发展，他们的主动性和创造性才能得以更好的发挥。

二、多维思考，擦亮思维火花

钟启泉说：在阅读中，教师与学生分享彼此的思考、见解和知识，交流彼此的情感、观念和理念，丰富教学内容，求得新的发现，实现教学相长。因此，鼓励学生多维度思考问题，使文本更具有开放性和生成性，从而使教师和学生在课堂中思绪纷飞、激情飞扬，使阅读教学成为一条心灵碰撞、精神交汇的生命之河。

教师在教学《将相和》时抛出了一个问题：如果真出现璧毁人亡的惨剧，赵国、秦国会出现什么样的状况？

几个学生发言后，有一个学生说："我还有一种观点，他们刚才都是从失去和氏璧的角度来说的，我想从失去蔺相如的角度来说一说。对于赵国来说，失去了蔺相如真是一笔无可计量的损失，众所周知，蔺相如后来在赵国是一个十分重要的人物，他的外交才华是赵国历史上绝无仅有的，换言之，如果没有蔺相如，赵国早就亡国了。所以说，蔺相如对于赵国来说，比和氏璧更珍贵。可是对于秦国来说，蔺相如作为敌对国的一名重要外交人才，在后来的许多外交事件上发挥了不可磨灭的作用，秦国也吃了不少亏。如果现在他真的死掉了，对于秦国来说的确是一件好事，可是秦王没有想到这一点。"

好一番别开生面的演说，说得头头是道，句句在理，学生的另类思维在阅读中熠熠生辉。对于这个问题，教师和所有的学生一样，都只站在了正义和弱者的一面，没有从另一个角度思考过。打破学生的思维定式，才谈得上教材体验的多元性，才能多角度地看待事物。

三、借助媒体，拓宽思维空间

传统的教学手段单调、枯燥、落后，严重抑制了学生创新思维空间的发展。现代教育技术在教育领域的发展和运用，给教师和学生提供了创新思维的手段与方法。多媒体课件的运用开阔了学生的视野，开拓了学生创新思维意识的空间。

例如，《白杨》这节课中"白杨树象征着建设边疆、扎根边疆的建设者"，这一部分内容课文中没有直接描写，却是课文的重点，也是难点。教师引导学生探求"孩子们所不知道的"，用多媒体课件及时在大屏幕上显示当年建设大军垦荒的景象和新疆今日繁荣的景象。学生看着，思维豁然开朗，争着发言。

学生1：爸爸妈妈当年克服各种困难，跟大自然做斗争，凭着坚强的意志，开发、建设新疆。

学生2：看了刚才的画面和资料，我知道当年像爸爸妈妈一样的建设者为了抵抗严寒，在冬天零下40℃的天气里挖渠，手都冻得粘在了锄头把上。有时候，为了不让水白白流失，他们就跳进水沟里，用自己的身体堵住洞穴。

学生3：爸爸妈妈等一批边疆建设者克服了我们想不到的困难，全力建设边疆。

学生4：爸爸就像白杨一样，在恶劣的环境中扎根，奉献一切，把新疆建设得那么美丽。

……

多媒体课件使学生可以从直观的形象中领悟到"白杨与建设者"之间的联系。通过影像资料，把学生思维引向纵深，达到了深入思考的目的，取得了事半功倍的效果。

四、鼓励质疑，疏通思维渠道

宋代理学家朱熹说过："学贵有疑，小疑则小进，大疑则大进；疑者，觉悟之基也。"在学习过程中学生自己发现了问题，才会进一步思考，方能有所创新。学贵于思，学起于问。教学艺术在于放手，让学生提出问题，鼓励学生质疑，从博学中多识，从多识中博问，形成发散性思维。

例如，在教学《白杨》时，教师请学生自由朗读全文，并且画出爸爸向子

女介绍白杨的那个自然段，并说说自己的疑问。

学生1：我不明白为什么爸爸的脸色变得严肃起来。

学生2：我不明白爸爸介绍的白杨树到底有什么特点。

学生3：我不明白爸爸明明是在说树，却为什么用了"坚强""不软弱""不动摇"这些写人的词呢?

学生质疑，在一边读一边思考中培养了阅读能力，养成了认真读书的习惯。学生的质疑不仅抓住了写爸爸神态的词语，也将写树与写人的词语联系了起来，说明学生已从爸爸的三句话中初步学会从含义着眼，抓重点词，寻找内在联系。学生们在愉快的教学环境中，在思维中质疑，在质疑中思维，发挥了他们的潜能，展现了各自的智慧，创新思维得到了培养。

综上所述，阅读教学中学生的个性阅读、多维度思考、大胆质疑等是发展学生思维，保证和提高教学质量的有效途径。学生在阅读中触类旁通，豁然开朗，突发奇想，思绪在课堂飞扬，思维的火花在阅读中升华碰撞，为阅读教学增添了无限生机和活力。

让学生在汉语拼音教学中享受快乐

汉语拼音是学生识字、阅读、学说普通话的基础工具，是小学语文教学的重要内容。但由于拼音比较单调、枯燥、抽象，对于刚入学的学生来说，学好拼音并不简单。新课标和课程改革强调：在汉语拼音教学中要防止烦琐、不恰当的教学要求；在教学方法上应以增加趣味性、减轻负担为指导思想。所以，我在拼音教学中努力构建以学生为中心，以学习为基础的情境化、游戏化、活动化、生活化的全新教学模式，使汉语拼音教学成为孩子们自主活动和实践创造的天地。让汉语拼音成为快乐的音符，寓教于乐，寓学于乐。

一、诗情画意，儿歌串联教拼音

汉语拼音非常抽象，学起来枯燥乏味。为弥补这一不足，人教版教材的汉语拼音部分，结合字母的音形特点，配上了色彩明丽、富有儿童情趣的图画，使汉语拼音与插图相得益彰。教师在使用教材的时候进一步结合画面内容，编一些朗朗上口的儿歌、谜语，让枯燥的拼音教学充满诗情画意。

（一）汉语拼音第一阶段

第一阶段要学习的内容是ɑ、o、e，教材提供的画面有绿树、花草、碧水、白鹅、啼叫的公鸡、练习发声的小姑娘。根据这些可以编出这样的儿歌来配合字母的教学："草青青，水碧碧，风吹树绿好空气。姑娘练唱ɑ ɑ ɑ，公鸡伴奏o o o，大白鹅，真美丽，领着孩子水中戏。"这样就做到了寓字母教学于诗情画意中，给学生以美的享受，让他们一入学就感受到：原来学习语文也可以这样快乐、有趣。

（二）汉语拼音第二阶段

第二阶段教学内容是i、u，包括y、w。教材提供的画面是：远处，绿树成林；近处，有一片碧绿的池塘，池塘里的大红鱼欢蹦乱跳。池塘边，小男孩在看鱼，有晾晒的衣服。池塘里还有一只乌龟。我编了这样的儿歌："红屋（u）顶，黄墙皮（i），草儿青青树儿绿（u）。妈妈洗衣（yi）我喂鱼（yu），乌（wu）龟和我是邻居。"这样一来，就把所要学的内容巧妙地与儿歌、画面结合在了一起。

（三）汉语拼音第三阶段

第三阶段教学内容是b、p、m、f。教材提供了四个画面：小男孩爬山坡，两个小孩捉迷藏，一个老人拄拐杖。可以编成下面的儿歌："增长知识听广播（b），锻炼身体爬山坡（p）。捉迷藏用手摸（m），一个拐杖fff。"

（四）汉语拼音第四阶段

第四阶段学习声母可相机选用适当的儿歌、谜语来辅助教学，如教学g、k、h时，让学生自己编儿歌，记忆g、k、h的字形，他们很感兴趣，学得非常起劲。又如，学习ü时，我把卡片挂在黑板上，让ü分别和j、q、x相拼，每拼一次头上两点抽去，然后让学生把这条规则编成顺口溜："j、q、x见了ü，去掉两点来行礼。"我接着问："去掉两点还念什么呀？"学生说："还念ü。"于是，我选出四名学生戴头饰分别饰演j、q、x和ü，ü见了j、q、x去掉头上的小帽子，行礼问好。这样，不仅让学生在游戏中掌握了重难点知识，而且相机进行了德育教育，创新了教学方法。

二、变静为动，快乐游戏学拼音

汉语拼音比较抽象，只让学生拼读音节是很乏味的，而且时间一长，他们的注意力就容易分散。游戏是对孩子进行早期教育的一种学习方式。游戏教学中采用丰富多样的手段，让孩子们积极参与，在唱唱、跳跳、听听、玩玩中领略学习的乐趣。对于初入学的儿童，应该把学习和游戏结合起来，变静为动，快乐学拼音。

（一）点名字

根据老师给每个字母编出的名字，如小辫儿（a）、小拐杖（l）、小伞柄（t）、小椅子（h）等，请一名学生点名字，一名学生去发卡片。这样，每点到一个名字，就有一名学生站到前面去举起卡片说出这个字母的形体和读音。23个声母全部点完后，请一名学生当队长，其他同学按照声母顺序排好队，大家一起唱字母歌。

（二）开火车

学完声母和韵母以后，就可以将声母和韵母分为两列"火车"，如火车头（b）一出现，接着是拿着"p、m、f、d、t"等声母卡片的同学陆续走上讲台。每人把右手搭在前一名同学的肩上，左手将字母卡片面向同学举起。火车头发出"呜"的一声之后，每个学生按声母顺序读出自己手中字母的发音，最后唱着字母歌回到座位上。另一列"火车"的车头是a，之后是o、e、i、u陆续走上去，练习方法和前面的一样。

（三）猜口形

发音部位的正确是读准拼音、学好普通话的关键。在学生掌握了一定的发音技巧之后，我们就可以和学生做这个游戏了。老师摆口形让学生猜，或者交换角色，学生摆口形老师猜，也可以学生之间互相猜一猜。通过尝试，我觉得这个游戏对于发音较难的几个复韵母"ai、ei、ui、ao、ou、iu"的掌握，平舌音"z、c、s"与翘舌音"zh、ch、sh、r"的区分，前后鼻音的区分都是十分有效的。而且，学生在做这个游戏的时候，注意力集中，学习积极性高，学得也十分轻松，读得也很标准。

（四）放鞭炮

把字母卡片发到学生手中，拿到卡片的学生一个个站起来"点鞭炮"，××同学读给大家听，如果读对了大家就跟着读一遍，并说"砰啪"；如果读错了大家就说"哧哧，请你再去想想"。这个游戏激发了学生的学习兴趣，让学生在不知不觉中就记住了字母的发音，而且照顾到了全体学生。

（五）摘苹果

一棵苹果树上结满了红红的大苹果，苹果上面写着音节，谁拼出音节，

这个苹果就送给他。当时，全班小朋友都跑上来摘。苹果有限，摘到的学生开心，没有摘到的学生叹气。于是，我对摘到苹果的学生说："让我们把苹果给没有摘到的同学尝一口，好不好？"这时，学生前后左右争相递苹果，边传边拼读音节，刚才的沮丧转变为快活，个个脸上洋溢着欢笑。人人参与，个个有机会，既巩固了音节，也体现了同学间的友情。

此外，还有"猜谜""夺红旗""对口令"等游戏，这些动口、动手、动脑的游戏将原本枯燥的拼音学习变为学生乐学的活动，充分调动了学生学习的积极性，培养了学生的拼读兴趣和能力。

巧妙地运用各种趣味性教学手段，寓拼音教学于儿歌、故事、游戏、表演等活动中，让学生学得愉快、学得扎实、学得主动。这样既可以加强拼音学习的实效性，又能使学生进一步体验到学习拼音的乐趣。

让作文充满浓浓的生活味

生活是作文永不枯竭的源泉，作文记录生活、反映生活，推动生活向前发展，生活和作文是紧密相关的。语文课程标准对作文教学提出了新的要求，其中，生活化的要求非常明确："热爱生活，关心生活，能依据生活内容写出自己的感受或想法。"显然，新课标的作文目标设定同生活密不可分，要求学生能够记录生活，感受生活，评论生活。那么，怎样使学生的作文生活化？笔者在教学实践中总结出了一套主题生活作文指导课教学模式。

一、校园生活作文指导课教学模式

（一）引导生活，积累素材

走进校园生活，积累写作素材。"生活如泉源，文章如溪水。泉源丰富而不枯竭，溪水自然活泼地流个不停。"教师注重把学生的目光引向校园生活，指导学生做积累素材的有心人。

（二）再现生活，选取题材

校园生活不管是计划性的活动还是突发事件，教师一定要抓住它的即时性。要充分利用一个活动、一件事，及时把这些资源，与学生进行交流，根据校园生活内容的不同，利用各种有利于调动学生写作积极性的方法，创设条件，创设作文的氛围，激发其写作欲。具体做法如下。

（1）"借鸡生蛋"，找几篇与所写的校园生活作文相关的文章，通过朗读、品评、鉴赏，让学生学会模仿和借鉴。

（2）"侃大山"，让学生群策群力，你说我说，有针对性地将校园生活中

发生的事，通过聊天的方式，把关键处说细说透，写作时就容易多了。

（3）"挑三拣四"，仁者见仁，智者见智，对一些事，每个人的看法、感悟是不一样的，教学时通过辨析比较，在尊重各人想法的同时，对选材的角度，描写方式，感悟提升，教师进行适时的点拨，这对学生的写作也有帮助。

（三）范文构段，写法迁移

老师在写作前可抛砖引玉，将自己的腹稿或范文和盘托出，通过老师的指导，给学生以启示。

（四）反映生活，表情达意

充分调动学生习作的积极性，同时在掌握了基本的表达方法之后，让学生自由表达，不受限制，不被教师的指定所左右，题目可自拟，体裁可自定，内容可自选，做到形式多样化，取材生活化，语言儿童化，珍视学生的独特感受，让写作成为学生生活的一部分。

二、社会生活作文指导课教学模式

（一）走进生活，丰富素材库

（1）以社会为背景，指导学生观察生活，如带领学生走进大自然，让学生亲身感受大自然的生命力；带领学生走进街头、公园、车站，让学生在真实的生活中观察，真切体会社会生活的丰富性。

（2）以活动为载体，组织学生参与生活，如组织学生郊游，参观军营，深入农村……还可以利用语文综合性学习的机会，安排学生走进社区，服务社区的综合实践活动，获得丰富的第一手生活化写作素材，为学生的生活化作文奠定基础。

（3）以实践为契机，引导学生体验生活，如种植花草树木，让他们了解植物的生长过程；饲养虫鱼鸟兽，让他们了解动物的生活习性；参与家务劳动及公益劳动，让他们体验劳动的滋味……

（二）创设情境，引发感受

首先，教师围绕习作重点，选取贴近习作要求的场景进行情境创设，如角色体验、图片展播、师生表演、课件播放等，让学生在课堂上就能如临其境，在模拟场景中走进生活，体验生活。同时可以以生活为依托，让学生的每个细胞都处于亢奋状态，再引领学生步入生活的殿堂，身临其境，再观看、感悟，最终心神醒悟，个性飞扬。

（三）描绘生活，谱写生活

1. 从点切入，夯实基础

在教学中具体地抓住这几种素描：物件素描、植物素描、动物素描、景物素描、场面素描、外貌素描、动作素描、语言素描、心理素描。

2. 分线入轨，掌握写法

比如，写人可通过一件事，也可通过几件事；可表现人物一方面的特点，也可表现人物几方面的特点。让学生自由表达，不受课本的要求限制，不为教师的指定所左右。

（四）创造生活，展示新天地

如看物联想。出示一张照片、一本荣誉证书，启发学生，让他们想象事情发生的起因、经过、结果，最后独立成文。

三、节日生活作文指导课教学模式

一个节日的来临，按确立话题—感受生活—品评节日—多元评价实现作文系列训练，激发学生个性化的表达，学会写系列作文。

（一）确立话题，形成积淀，在生活中训练口头表达能力

节日来临之际，对节日话题早做思考，从节日的由来、风俗、自己的遐想、氛围以及人、事、物等多个角度确立长效的话题。在与老师、同伴、家长的交流过程中激发兴趣，训练表达。

（二）感受生活，体验节日，在活动中学会有选择地观察

围绕事先确立的话题，对感兴趣的方面做重点关注，在生活中有意识地体验、感悟，留意自己此时的心情，注意培养自己将定向观察与随机观察有机结合的能力，为习作积累第一手鲜活的资料。

（三）品评节日，学会分享，用系列片段练笔，强化基本功

从来源于生活的各种感受入手，交流各自的体会，品评各自的收获，用系

列片段练笔的形式将自己独特的体验记录下来，以此强化基本功。

（四）多元评价，用应时应景素描实现个性化

借助节日文化主题，运用多种写作形式，鼓励素描式和个性化的习作，强调个性地拟题，个性地立意，个性地评改。

蚂蚁之所以能够安然过冬，是因为它们储备了充足的食物；蜂蜜之所以香甜，是因为蜜蜂的辛勤劳作。生活是作文之源，作文无法离开生活而独立存在，作文要为生活所用。在笔者的习作实践过程中，学生对作文有了浓厚的兴趣，他们热爱写作，喜欢写作，把写作看作生活中不可或缺的一部分。同时，他们的写作能力与生活认识水平都有所提高，笔者在今后的习作教学中将不断改革、不断创新，使学生在习作中有更大的收获！

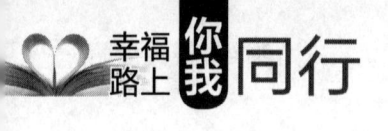

引生活之源，浇习作之花

有位作家曾用这样一副对联形容学生们作文时的情景：

上联：苦坐苦等苦思苦想苦茶入口苦不堪言

下联：愁纲愁线愁情愁理愁眉苦脸愁断肝肠

横批：写不出来

纵观自己的习作教学，很多时候学生的写作情况真是如对联所说，但也有文思如泉的时候。经笔者思考与总结，认为能让学生有写作兴趣，并能使学生高质量地完成习作都是需要学生亲身经历的生活作为基础的。因此，作文教学要想有所突破，就要与生活接轨，使其根植于生活，处于"掘来生活源泉，引来创作活水"的自然创作状态。虽然说"生活是创作的源泉"，但对小学生而言，他们缺少的不是具体的生活，而是对生活的观察和自我体验。因此，教会学生体验生活，观察生活，积累生活素材从而运用到习作中，才是提高小学生作文水平的有效措施。

一、掘生活源泉

要想掘生活源泉，就要引导学生走进生活，与生活亲密握手。千方百计地让学生去观察，去发现，去体验，去思考，让学生的思维和生活交锋、碰撞，激发学生创作的欲望，让学生从生活中找到"下锅之米"，做"有米之妇"。因此，我曾尝试着和学生一起走出教室，走出教材，走进生活，品读生活这部无字的大书。其实，这就是我们经常提到的观察。观察是人们认识事物的主要途径，是从事任何工作都不可或缺的一种基本能力，尤其对指导学生的写作，

它更是起到了举足轻重的作用，它是作文训练的前提、基础和重要条件，只有引导学生观察，才能从生活中获得写作素材，文章的内容才有血有肉，真实感人。那么，怎样引领学生观察生活，品读生活这部无字之书，从而让学生感受生活的丰富多彩呢？

尝试一：视听结合

有意识地引导学生接触自然，让他们处处留心，时时在意，用明亮的眼睛随时随地拍摄亮丽的风景，晴空丽日，白云悠悠，草舞树摇，杨柳依依；喷薄的红日，如血的残阳，皎洁的月光，闪烁的星星……用聪灵的耳朵录制自然界中、生活中的各种美妙的声音，使孩子们感受到声音是多么美妙，蛙声虫鸣，春燕呢喃，百鸟欢歌，春雨沙沙，泉水叮咚，书声琅琅，掌声雷动……通过观察，激起学生的作文兴趣，帮助学生积累写作素材，陶冶学生的情操，让学生因收藏而富有，让作文因生活而更加精彩。

尝试二：做悟结合

组织学生参加一些活动，不管是全班性的、小组性的，还是个人独立完成的，如植树、饲养、郊游、访问、参观、演出、运动会……学生在参加活动的过程中会兴趣盎然，全身心地投入，这就给他们留下了深刻的印象。因为是自己参加的，体验自然会很深。有了生活，才有丰富的素材，才能让习作成为生活中的习作。让学生在做一做的过程中不断地感受、体悟劳动之美、生命之美、心灵之美等。学生在做的同时学会了观察，学会了思考，学会了探索，学会了发现，学会了表达，他们在观察中思考，在思考中探索，在探索中发现，在发现中感悟，在感悟中表达。

在教学实践中，我深深体会到，学生只有认真地观察，深刻地认识了事物后，才会使自己的情感与之产生共鸣，从而写出一篇好文章。

二、引创作活水

"世事洞明皆学问，人情练达即文章。"有了对生活的细心观察，生发感悟，写作时就会随手拈来，正如"观山，则情满于山；望海，则意溢于海"。

尝试一：趁热打铁

当学生带着自己的观察、所得走进课堂时，我总是趁热打铁，让学生相互交流自己的所见所感，如一次秋天的习作，我带着学生观察秋叶之后，让学生回忆自己观察到的秋叶的特点，学生们有的描述了秋叶的颜色，有的介绍了秋叶的形状，还有的竟提议做树叶作品。于是，我又让学生们做起了自己喜欢的秋叶作品。学生们的想象力真让人惊叹，不一会儿，一幅幅精致的作品就问世了！接着，我又让学生们介绍自己的作品。有的学生说自己的作品是反义词大汇集，请大家猜猜；有的学生喜欢武侠英雄，竟制作出一位手持宝剑的侠客；还有的学生用红红的树叶拼成了祝祖国生日快乐的语句……学生们无拘无束的语言、有滋有味的品析，让我感受到一份份真挚的感情！"孩子们，快把你们眼中美丽而又神奇的秋叶写出来吧！"我适时激发学生们的写作欲望，一篇篇精彩的小作文就此诞生了。

尝试二：创意求新

作文是生活的真实反映，随时随地地记录生活中的点点滴滴，随时随地地采撷飘荡在心头的片片花絮，随时随地地刻录下对生活、对人生的感悟。但同样的生活对于不同的学生就有不同的理解与感悟。因此，我鼓励学生们勇敢表达自己有创意的想法，如运动会后小议，我就鼓励学生们说一说自己的感受，发表自己对运动员的评价，谈谈自己班同学的表现，当然包括运动员和啦啦队，也可以对运动会期间发生在赛场之外的一些事情做评论（称赞或批评）……学生们的思路打开后，纷纷发表自己的看法，有的学生说运动员们不管获奖与否，我们大家都感谢他们，正因为有了他们，赛场才会那么激烈，才会那么让人激动不已；有的学生说自己没有参加任何项目，不是因为自己不爱体育，而是因为自己的体育不好，害怕影响班级的成绩，因此，让出名额给有实力的同学去参加，希望获胜的概率会更大一些；有的学生讲述了运动会期间值周同学跑东跑西为大家服务；还有的学生对运动会期间的学校环境卫生做了总结……总之，每位学生的角度不同，感受自然不同。我对于这种种独特的个人感受总是给予充分的肯定与鼓励，让学生们慢慢地敢于表达自己独特的感受，久而久之，学生们有创意的想法就会越来越多，我再也不会因学生们的作

文千篇一律而发愁了。

作文教学不应该脱离生活闭门造车，不应该脱离生活凭空臆造，而应该以生活为基石，让学生学会用自己的眼、自己的心去理解、感受生活，挖掘生活中最熟悉的、最动人的宝藏，写真人真事，抒真情实感，在生活与作文之间建立起一座桥，同时辅之以科学有效的方法指导，我们的作文教学一定会走进异彩纷呈的春天。

科研篇——

大音希声

《运用"思维导图"提高小学中高段语文阅读教学有效性的策略研究》成果报告

一、课题提出

全面提高学生的语文素养，是小学语文新课标的基本理念之一。自高效课堂实施以来，如何转变学生的学习方式，激发学生的学习兴趣，进而提高语文教学的有效性，一直是一线教师关注和试图破解的问题。为此，在小学语文教学中注重培育学生的发展思维能力，以激发学生的想象力和创造力，开展探究性学习就成为小学语文教学的重要目标之一。思维导图是一种全新的思维训练方法，运用思维导图就是提高教学有效性的方式之一，目前已成为国内外教育研究的热点。

国际方面，思维导图（mind map）又称心智图、心灵图、脑图等，最早是由英国心理学家托尼·巴赞（Tony Buzen）于1970年提出。他认为，"思维导图是放射性思维的表达，因此也是人类思维的自然功能。它是一种非常有用的图形技术，这是打开大脑潜力的万用钥匙"。托尼·巴赞发明思维导图后，很快在各国企业培训和教育中推广与运用。在教育、医学、农业、工业、气象、管理等各个领域，都发挥过巨大作用，尤其是在美、欧等发达国家。美国康奈尔大学（Cornell University）教育系的约瑟夫·D.诺瓦克（Joseph D. Novak）教授在20世纪60年代最早提出主动自觉地在教学活动中运用概念图来帮助教师和学生提高教学质量。诺瓦克教授认为，概念图对于学习者和教师同样重要，可以在教学活动中帮助师生提高认知。

国内方面，相对于国外的发展来讲，国内思维导图的应用才刚刚起步，教育界的很多教师和研究人员也对此进行了积极探索，在一些小学、中学、大学进行了思维导图与学科教学的尝试，使思维导图的应用无论在理论上还是实践上，都有了很大的发展。而思维导图在课堂教学中的运用研究，还处在理念的推广阶段，实践操作层面的理论及经验还较缺乏，小学阶段尤为显著，因此，思维导图存在较大的研究空间与实践价值。

在语文教学实践中科学地运用思维导图，有助于学生在头脑中建立全景图，从而更好地把握教材的知识点，建立完整的知识体系，更好地掌握和理解课堂所授知识，提高学习能力；也能帮助教师更有效地整合教材资源，使课堂讲解更为科学、流畅，使课堂教学达到高效化、最优化。

因此，针对本地区学生学习资源相对匮乏及学习能力相对薄弱的现状，我们进行了"运用'思维导图'提高小学中高段语文阅读教学有效性的策略研究"的成果研究，找准思维导图与提高课堂教学有效性，促进学习质量提升的契合点，进行最佳训练，以此来培养和提高学生的学习能力，为终身学习和发展打下良好的基础。本成果遵循教师、学生两条路径，以课堂教学为阵地，以系统的知识建构、互动教学、个性培养为研究重点，意图通过教师的指导，让学生掌握主题—次主题—细节要点—整理完善的构图方法，经历了解—模仿—运用—熟练四个阶段，并逐步达到灵活运用思维导图、提升学习能力、激发智慧的境界。

二、课题界定

我们的课题界定是运用思维导图提高小学中高段语文阅读教学有效性的策略研究。

思维导图是一种将发散思维（divergent thinking）具体化的方法。通俗地说，是一个简单、有效、美丽的思维工具。它依据全脑的概念，按照大脑自身的规律进行思考，全面调动左脑的逻辑、顺序、条例、文字、数字以及右脑的图像、想象、颜色、空间、整体思维，使大脑潜能得到最充分的开发，从而极大地发掘人的记忆、创造、身体、语言、精神、社交等各方面潜能。

有效性是指完成策划的活动和达到策划结果的程度。阅读教学的有效性是一种过程，更是一种理念。它取决于教师自身教学艺术的发挥，也取决于教师对教学中情、趣、理的挖掘，这将是一条艰巨的道路，在小学的语文阅读教学中，阅读教学不管方法如何变换，都应当注重实效，应当以实现学生的全面发展为目标，坚持以学生为主体，充分调动学生学习的主动性、积极性，促使学生积极思维，以便提升学生的语文综合素养。

三、课题实践的意义及研究价值

（1）课堂教学改革可通过借鉴其他领域取得的成果，来促进改革向纵深发展，如脑科学研究的最新成果、信息技术的最新进展等。

（2）高效课堂教学改革只有触及学生思维发展的水平，才能真正体现出新课程倡导的理念，本课题研究选择了思维科学为突破口来整体构建新型的教学与学习方式。

（3）思维导图可以把一长串枯燥的信息变成彩色的、容易记忆的、有高度组织性的图画，与我们大脑处理事物的自然方式相吻合。思维导图在小学语文教学中的价值和意义在于：一是把语文知识浓缩为框架；二是把语文知识提炼为线索；三是把语文知识组合成网络。这种学习形式能帮助学生建立起良好的认知结构。

（4）作为一种实证性的研究，本课题更关注研究过程中师生的成果积累，对转变学生的学习方式、提高语文教学的有效性有较高的实践价值。通过研究探索运用思维导图，来提高语文教学有效性的策略，初步建立基于思维导图的语文课堂教学模式，帮助语文教师提高教学能力，促进学生的进步与发展。

四、课题研究目标

（1）使学生掌握绘制网状思维导图的方法，达到学会—熟练—自如的熟能生巧的目的。

（2）使学生能灵活地应用思维导图梳理课文脉络、理解课文内容、写课后小结等，提高学习效率、激发学生浓厚的学习兴趣、培养学生的发散性思维，

实现教学与课程标准的接轨。

（3）利用思维导图来提高学生的记忆能力和建构知识网络的能力，改变学生固有的单线的思维状态，增强学生的树状思维能力，激发学生潜在的创新能力，从而提高其学习的效率。

（4）教师在教学过程中借助思维导图这一新型的思维工具，通过对众多知识点的自由组合或建构多种方案，培养和训练学生的创新思维，提高教学效率以及为深化教学方法改革提供最有力的凭证。在教学过程中，教师通过运用思维导图技术，提高自己的教学能力和教学效率，使课堂达到最优化及最高效。

五、课题研究的理论依据

（一）有效性教学的理论

有效性教学自20世纪60年代以来（特别是20世纪80年代）已成为一种较为系统的教学理论，并逐步发展完善，其研究切入点是教师的教学行为，即教师的哪些活动和行为与预期教育结果（包括学生的成绩、带任务学习行为、学生及家长的满意度等）有密切联系，其落脚点是学生，以学生的表现作为评判依据。有效性教学有狭义与广义之分，广义的有效性教学是指一切能够有效促进教学目标达成的教学过程。这样，所有的教学理论都可以被涵盖在有效性教学之中，因为任何一种教学理论的产生都是为了达到一定的教学目标。狭义的有效性教学是特指如何在教学过程中通过教学活动使学生获得最佳学习效果，因此本课题所依据的是狭义的有效性教学。

（二）教学模式理论

教学模式指在一定的教学理论或教学思想指导下，围绕教学活动中的某一主题而建立起来的、相对稳定的、系统化和理论化的教学范型。重视对教学模式的学习与研究是近20年来世界各国教学理论研究和教学实践改革的一个共同特征。教学理论有基础理论和应用理论两大分支。教学模式理论属于应用理论的范畴，它源于教学基础理论同时又指向教学实践，既是教学基础理论的具体化，又是教学实践经验的概括化，它是教学基础理论与教学实践的中介，是理论与实践的有机结合。长期以来，在教学理论与教学实践之间存在着一条鸿沟，而教学模式是沟通这条鸿沟的最好桥梁。有句话说得很好，没有理论的实践是盲目的实践，没有实践的理论是空洞的理论。教学模式理论充分体现了理论联系实际原则，这一原则的基本精神是要求教学必须在理论与实践相结合中传授和学习理论，使老师和学生能真正理解、懂得理论在实际中的运用，并形成必要的技能、技巧和在一定程度上解决实际问题的能力。

（三）新课程背景下的学生观和教师角色

"一切为了每一位学生的发展"是新课程的最高宗旨和核心理念。基于此，新课程倡导"学生是发展的、独特的、具有独立意义的人"的学生观，它要求教师要了解学生身心发展的规律；对学生充满信心，挖掘学生巨大的发展潜能；认识到学生是处于发展中的人，可以在学校和老师的指导下积极成长。它要求教师认识到在教育活动中学生是完整的人，不仅具备全部的智慧力量和人格力量，而且可以体验全部的教育生活；认识到学生都有自身的独特性，珍视学生的独特性和培养具有独特个性的人，是我们对待学生的基本态度；认识到学生与成人之间存在着巨大的差异，学生与成人之间是存在很大差别的，学生的观察、思考、选择和体验，都和成人有明显不同，这就要求教师认识到要使学生接受自己的教导，首先就要把学生当作不以自己的意志为转移的客观存在，当作具有独立性的人来看待，使自己的教育和教学适应他们的情况、条件、要求与思想认识的发展规律；认识到学生是学习的主体，教师只能指导学生自己读书，自己感受事物，自己观察、分析、思考，从而使他们自己明白事理，自己掌握事物发展变化的规律；认识到学生是责权主体，是权利主体，学校和教师要保护学生的合法权利，要引导学生学会对学习认真，对自己、对他人负责，学会承担责任。新课程强调，教师是学生学习的合作者、引导者和参与者。因此，教师应帮助学生制定适当的学习目标，并确认和协调达到目标的最佳途径；指导学生形成良好的学习习惯，掌握学习方法；创设丰富的教学环境，激发学生的学习动机，培养学生的学习兴趣；为学生提供各种便利，为学生的学习服务；营造一种接纳的、支持性的、宽容的课堂气氛；作为学习参与者，与学生分享自己的感情和想法；和学生一道寻找真理，并勇敢承认自己的

过失和错误。

（四）名家对思维导图的理论论述

英国著名心理学家托尼·巴赞在研究大脑力量和潜能的过程中，发现伟大的艺术家达·芬奇在他的笔记中使用了许多图画、代号和连线。他意识到这正是达·芬奇拥有超级头脑的秘密所在。在此基础上，巴赞发明了思维导图。

当巴赞发现了达·芬奇的头脑秘密后，他开始研究心理学、大脑的神经生理学、语言学、神经语言学、信息论、记忆技巧、理解力、创意思考及一般科学，渐渐地，巴赞发现人类大脑的每一个脑细胞及大脑的各种技巧如果能被和谐而巧妙地运用，将比彼此分开工作产生更大的效率。这个看似微小的发现，却产生了令人意想不到的结果。巴赞曾试着将大脑皮层关于文字与颜色的技巧合用，发现因做笔记的方法改变而大大地增加了超过百分之百的记忆力。

思维导图的整个架构慢慢形成，巴赞也开始训练一群被称为"学习障碍者""阅读能力丧失"的族群，这些被称为失败者或被放弃的学生，很快就变成了好学生，其中更有一部分成为同龄的佼佼者。1971年，巴赞开始将他的研究成果结集成书，慢慢形成了放射性思考和思维导图的概念。

之后研究者进一步研究总结，思维导图大致有三大原理：脑科学理论、多元智能理论和知识可视化理论。

1. 脑科学理论

脑科学理论也就是左右脑分工理论。左脑被称为意识脑、语言脑、学术脑，思维方式具有连续性、延续性和分析性；右脑被称为创造脑、音乐脑、艺术脑、潜意识脑，思维方式具有无序性、跳跃性和直觉性。

右脑像万能博士，善于找出多种解决问题的办法，许多高级思维功能取决于右脑。把右脑的潜力充分挖掘出来，人才能表现出无穷的创造才能。所以，脑力开发的重点在于右脑的开发。

思维导图跟传统的笔记相比，增加了形象、想象、色彩、节奏等右脑元素，有助于右脑功能的开发，是左右脑同时起作用的工具。

2. 多元智能理论

在美国神经生物学家罗杰·斯佩里（Roger Wolcott Sperry）提出左右脑分工理论的十多年后，美国教育心理学家霍华德·加德纳（Howard Garrdner）提出了多元智能理论。巧合的是，加德纳跟斯佩里一样，也是在研究脑部受创伤的病人时发现他们在学习能力上的差异后提出了自己的观点。研究异常事物或异常现象，能够促进我们对正常事物或现象的理解，非常奇妙。

后来，加德纳提出了多元智能理论，他认为人的智力，不应该仅仅包含语言、空间、数学能力，还应该包含运动、美术、音乐等其他能力。思维导图也特别重视图形图像，绘制的过程注重节奏等，这与多元智能理论的认知高度吻合。

3. 知识可视化理论

简单地说，可视化就是用图形图像的方式表征事物。知识可视化就是用图像的方式表征各类知识及其相互关系。知识可视化有三大基础，分别是科学计算、信息和数据可视化。其基本原理就是双重编码理论。该理论认为，人的认知过程是独特的，同时包含了对语言与非语言的事物和事件的处理。就像我们说到杨梅时，多数人的脑子里同时会出现"杨梅"这个词，也会出现这种深红色的又酸又甜的果实的形象，出现文字，那是语义编码；出现图像，那是表象编码。这两种编码同时构成"杨梅"这个形象，储存在我们的大脑里。

所谓可视化，就是将原来隐藏在大脑里的表象编码显性呈现出来，也就是我们经常说的图文并茂，有图有真相。现在更进一步，不仅有图有真相，还可以附加视频，视觉形象更加生动。以后科技发达了，估计还可以附加触觉、味觉等，那就更好玩了。可视化的工具包括概念图、因果图、思维导图、语义网络、思维地图等，思维导图是其中非常重要的一种，思维地图也被称为美国人的思维导图。

而在学习中使用思维导图，它的优势有多种，可以成倍提高学习效率，增进理解和记忆能力；把学习者的主要精力集中在关键的知识点上；增强使用者的立体思维能力（思维的层次性与联想性）；思维导图具有极大的可伸缩性，

顺应了我们大脑的自然思维模式；能增强使用者的总体规划能力；激发我们右脑的潜能，发挥大脑的整体功能。

六、运用"思维导图"提高小学中高段语文阅读教学有效性的具体操作与运用

（一）常用的思维导图教学模式

为了更好地将思维导图应用于小学语文的阅读教学，我们课题组老师经过认真实践和反复试验，通过研究多种教学模式的利弊，逐步构建了基于思维导图的阅读教学模式，力求充分发挥思维导图的优势，优化教学设计，改善教学效果。一个成熟的教学模式是在真正的教学实践中不断应用和完善的。我们课题组希望这个教学模式能给广大小学语文教育实践者提供一些教学上的灵感，以便他们能够更好地将思维导图应用于语文阅读教学中。

课题组成员在课堂上通过研究各个教学模式的流程和优缺点，在仔细分析教学目标、教学要素、教学过程模型和教学评价四个要素的基础上设计出了基于思维导图的小学语文阅读教学"七步绘制法"操作模式，即创设情境—全文感知—精读教材—同伴合作—点拨指导—欣赏作品—归纳全文。该模式具体的操作步骤如下。

1. 创设情境，导入课题

在阅读教学刚开始的时候，教师可以先根据自己的教学内容创设一个相关的教学情境，使学生在这样的情境中产生良好的求知心理，以便顺利导入课题。合理地创设教学情境，不仅可以充分唤醒学生的学习兴趣，调动他们学习的积极性，还可以引发他们对文本主题的自主思考，为他们接下来根据中心主题绘制思维导图做铺垫。教师在创设情境时，要注意有所选择，有所设计。首先，教学情境要同时具备趣味性和针对性，既要能激发学生的阅读兴趣，还要与教学主题紧密相关。其次，教学情境还要考虑到学生的认知特点和生活实际，要注意取材的具体形象性，以便学生能获得积极的情感体验，充分调动自己已有的知识和经验。

2. 全文感知，启发思考

在学生阅读文本进行整体感知的过程中，教师可以示范性绘制导图，列出文本的一些关键词和主要分支，以启发学生思考，帮助学生在阅读中厘清文本内容，梳理文章的知识点，并及时回忆旧知，联系新知。当然，教师也可以直接让学生在课前预习时，就完成初绘导图的任务。这样，学生便可以根据自己的导图作品很快回忆起初读文章时的思考过程，并且在阅读中进一步加深对文章内容的认识和感受。

3. 精读教材，加以细化

当学生通过初读文章，初步构建出思维导图的基本框架时，教师要继续引导学生再读文本，让学生在读中思、在读中品、在读中悟。在此过程中，教师要尽量多安排一些时间，使学生反复阅读，给他们静思默想的机会，并及时引导学生在阅读时对文本的主要内容、写作背景、写作思路、写作手法、字音、字形、字义等重要方面进行思考，使他们能够联系旧知，拓展思路。随着学生在阅读中对文本的理解和感悟的不断深入，他们便能够继续拓展分支，并细化分支内容，一幅思维导图作品便会趋于完善。

4. 同伴合作，借鉴完善

教师可以不断推进阅读教学的进程，对学生进行合理分组，引导学生进行小组合作学习。在此过程中，组中的成员可以依次对自己绘制的思维导图作品加以说明，阐述自己的思维过程，并且取人之长，补己之短，借鉴其他成员的恰当意见，及时调整、修改、完善自己的思路。而教师的职责便是合理安排好学生小组交流和讨论的时间，不时参与到具体小组的学习讨论中，及时对遇到困难的小组进行指导。最后，小组长再根据组员们沟通交流的结果，对本小组的主要观点进行总结，也可组织小组成员尝试一起构建出能够体现出小组思维成果的导图作品。

5. 点拨指导，补充空白

教师要对学生在开展小组合作学习时普遍出现的一些问题进行引导，并对学生在讨论交流后依然解决不了的难点进行及时点拨，帮助他们查漏补缺，

补充思维导图的空白部分。在此过程中，教师要采取恰当的方法启发学生的思考，根据学生的课堂反馈不断调整自己的教学节奏，对学生所取得的一些进步给予一定的鼓励和肯定，促进学生积极思考、主动学习。

6. 欣赏作品，交流点评

在对文本内容的反复阅读和对思维导图作品的反复修改完善过程中，学生对文章也有了更深的理解和感悟。此时，教师可以营造一种民主、平等的学习氛围，安排一定的时间，让学生展示自己的导图作品，并引导他们从导图的主题词、分支结构、绘制过程等多个方面进行介绍，让其他同学了解其思维的过程，体会其对文章的理解程度。在此过程中，教师要仔细倾听学生的介绍并认真做笔记，再根据导图作品，对学生的学习表现做出合适的评价，进而提出指导性的建议，以便他们继续调整和完善。

7. 归纳全文，巩固理解

在阅读教学的最后阶段，教师可就文本的主要内容以及学生在课堂中的学习表现进行总结，巩固学生的学习理解。并且，教师也可以将思维导图的拓展任务继续延伸到作业中，鼓励学生在课后继续发散思维，为导图增添更细的分支，使导图融入个人风格。

《翠鸟》教学设计

一、教材分析

《翠鸟》是人教版三年级下册第6单元中的一篇主体课文，主要介绍了翠鸟的外形和活动特点。全文共有四个自然段，第1自然段介绍了翠鸟的外形特点；第2、3自然段描述了翠鸟的活动特点，并讲述了翠鸟捕捉小鱼的过程；第4自然段介绍了翠鸟的家在陡峭的石壁上，并表达了"我们"对翠鸟的喜爱之情。

二、教学目标

（1）识字学词，读通读顺课文。

（2）绘制思维导图，厘清课文内容和第1自然段的层次。

（3）了解翠鸟的外形特点，感受作者对翠鸟的喜爱之情。.

三、教学重难点

（1）绘制思维导图，厘清文章的主要内容及学习第1自然段。

（2）教具准备：幻灯片、微课。

四、教学过程

（一）猜谜导入课题，检查预习

（1）激趣导入，提示课题。

（2）展示自学单，认读字词。

（二）绘制思维导图，建立框架

（1）自由读文，总结"这是一只什么样的翠鸟"。

（2）观看微课"如何绘制思维导图"。

（3）绘制思维导图，厘清课文的主要内容。

（三）丰富思维导图，学习"外形"

（1）默读第1自然段，找层次，圈画关键词。

（2）师生合作绘2~3层支干，学会精抓特点。

（3）同桌合作，找重点和其他支干，交流展示。

（4）品读比喻句，学会按一定顺序描写，体会作者对翠鸟的喜爱之情。

（四）利用思维导图，迁移技法

（1）高效背诵。

（2）形成习作思路。

（五）布置思维导图，拓展阅读

（二）思维导图教学过程模型分类

1. 集体统一模型

集体统一模型如图1所示。

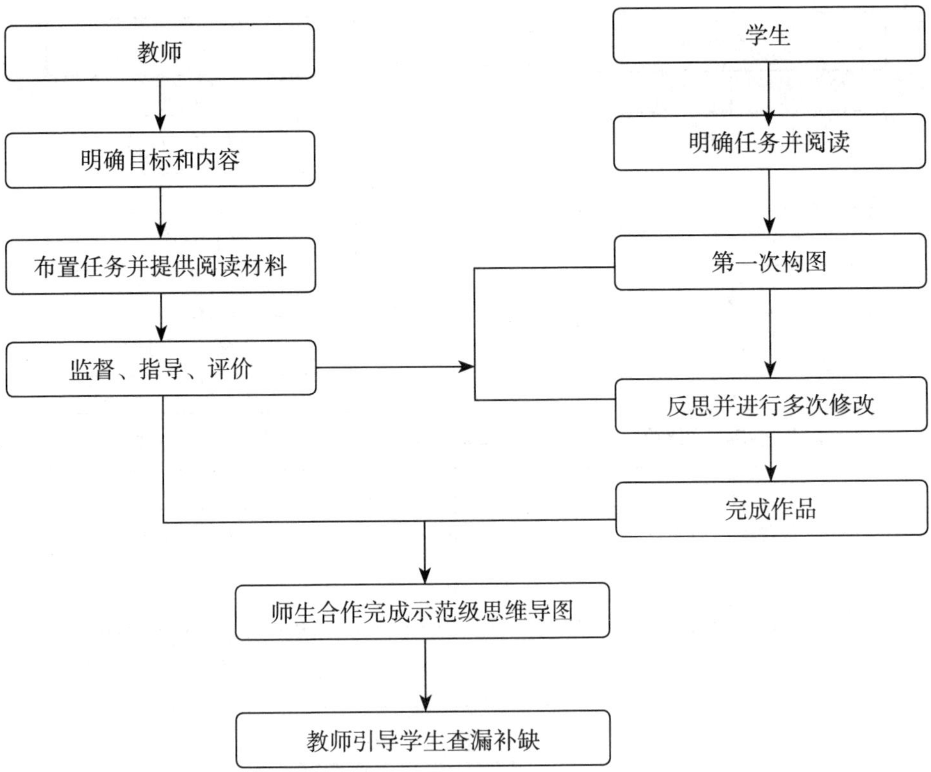

```
┌─────────────┐              ┌─────────────┐
│    教师      │              │    学生      │
└──────┬──────┘              └──────┬──────┘
       │                            │
       ▼                            ▼
┌─────────────┐              ┌─────────────┐
│ 明确目标和内容 │              │ 明确任务并阅读 │
└─────────────┘              └─────────────┘
       │                            │
       ▼                            ▼
┌───────────────────┐        ┌─────────────┐
│ 布置任务并提供阅读材料 │───┐    │  第一次构图   │
└───────────────────┘   │    └─────────────┘
       │                │           │
       ▼                │           ▼
┌─────────────┐         │    ┌─────────────┐
│ 监督、指导、评价 │────────┴──→ │ 反思并进行多次修改 │
└──────┬──────┘              └─────────────┘
       │                            │
       │                            ▼
       │                     ┌─────────────┐
       │                     │   完成作品    │
       │                     └──────┬──────┘
       │                            │
       ▼────────────────────────────┘
┌───────────────────────┐
│ 师生合作完成示范级思维导图 │
└──────────┬────────────┘
           │
           ▼
┌───────────────────────┐
│ 教师引导学生查漏补缺      │
└───────────────────────┘
```

图1

课题组成员认为，在基于思维导图的整个教学过程中采用的方法有集体统一教学和分小组教学两种，前者为教学初期所进行的简单教学模型，主要是为了让学生学习使用思维导图。当学生对思维导图熟练掌握后，教师便可以把学生分组，利用小组竞赛来激发他们学习的兴趣。

在上面的模型中，教师为学生提供阅读材料并布置详细任务，学生进行阅读并完成思维导图。学生在进行构图时要不断根据老师的评价指标进行反思和修改，最终完成制图，待所有学生都完成思维导图后，教师要对其进行评价，并对优秀作品加以欣赏和观摩，便于学生查漏补缺。教师在整个过程中起监督、指导和评价的作用。

2. 分小组模型

分小组模型如图2所示。

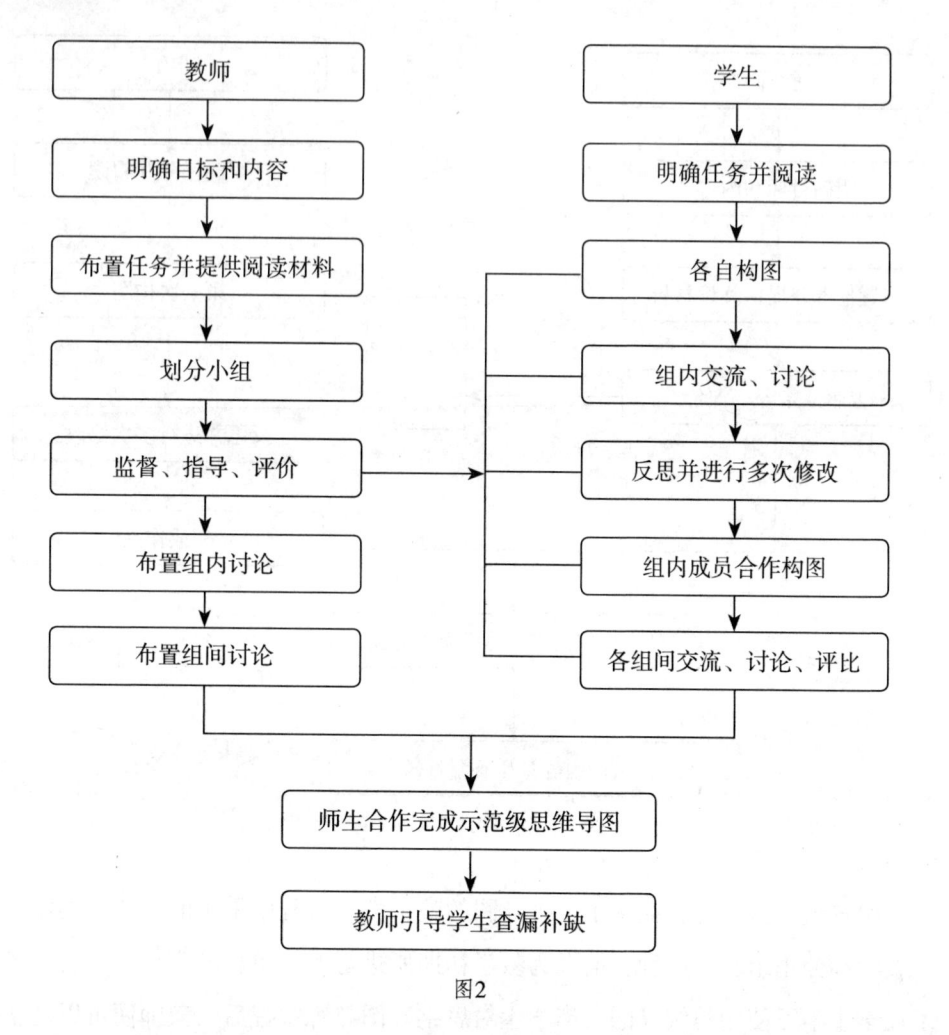

图2

在上面的模型中，教师依旧要为学生提供阅读材料并布置详细任务，与集体统一教学模型不同的是，教师要将学生分组，并给小组规定时间，当小组在学习过程中遇到困难时，教师要适当提供解决办法，引导小组继续完成任务。当小组内部和小组间交流与讨论结束后，教师要对思维导图进行评价，并对优秀作品加以欣赏和观摩，便于学生查漏补缺。小组成员在教师布置任务后，认真阅读材料，每人独立制作一幅思维导图，在此之后，小组各成员对小组内所有作品进行讨论、总结、反思及再修正，共同制作一幅完善的思维导图，待各小组都完成后就进入各组间交流的环节，各小组间相互交流、共同学习、查漏补缺。

在此过程中，教师要运用多种方法激发学生对思维导图的兴趣，完善学生制作的思维导图。主要方法有：组织各小组进行探讨与交流，使学生不断吸收他人的经验；组织小组竞赛，教师根据各小组的表现进行评价和奖励，对学生个人制作的思维导图及时肯定和鼓励，纠正学生的错误，展示优秀作品，便于全体学生观摩和欣赏，激发学生学习的兴趣。

（三）思维导图在阅读教学中的具体运用

探索思维导图课题，主要通过思维导图的介入，引领学生在读与写之间架起一座桥梁，层层解析，步步点亮，对阅读教学起到助推的作用，让学生最大限度地发挥自身潜能，让学生在阅读、习作、口语交际、综合实践等领域绘制思维导图的过程中，把自己的思维和想法与书中所学的内容建立联系。在老师的思维导图教学法中，学生们在轻松愉悦的氛围中，掌握了所学知识，将所学知识组织成完整的系统框架，并提高学生的概括能力、发散思维能力和创新能力。

1. 学习篇章，梳理脉络

思维导图的本质是以立体思维思考文本，既整体把握又联系局部，帮助学生更好地走进文本，并与文本深层次"对话"。在语文阅读教学中，教师可以针对不同的教学内容，选择不同的绘图时机与绘图策略，利用思维导图对阅读材料中最重要、最核心的信息进行梳理，并用自己的语言将它转换成系列图式的形式，使概念之间形成体系和层次，使深奥复杂的内容非常清晰、系统地显现出来，这样所学内容和文章脉络就一目了然了。

（1）绘制主题单元思维导图

单元整组教学是当前小学中高段语文教学改革的重要方向，这就要求学生必须具备和把握整组课文的能力。教学中，教师可利用思维导图帮助学生整体感知整组课文的内容，提升学习能力。这样既加强学生自主学习的能力和素养，又对学生语文能力中的感悟、记忆、习作、总结等方面有重要的帮助。

比如，人教版语文教材六年级下册第一单元，主要围绕"人生感悟"这一专题编写。五篇课文从不同的角度阐明了人生的哲理，《文言文两则》表达了学习应该专心致志和看待事物应该有不同角度的道理；《匆匆》表达了作者对时光飞逝的惋惜和无奈，告诫人们要珍惜时间；《桃花心木》借物喻人，说明人的成长应该经受考验，学会独立自主；《顶碗少年》蕴含着失败乃成功之母的哲理；《手指》阐明团结就是力量的道理。先让学生一课一课地绘制思维导图，等这一单元学完，再进行回顾整理。

第三课《桃花心木》（见图3）。

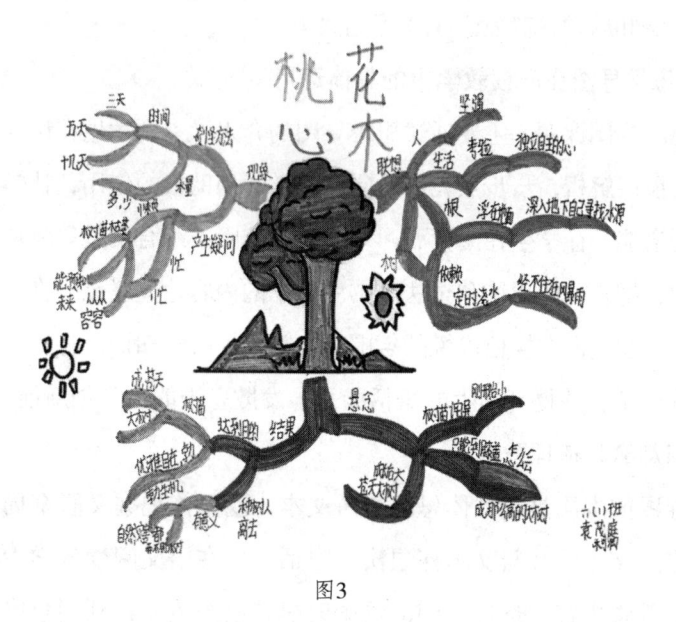

图3

第四课《顶碗少年》（见图4）。

图4

第五课《手指》（见图5）。

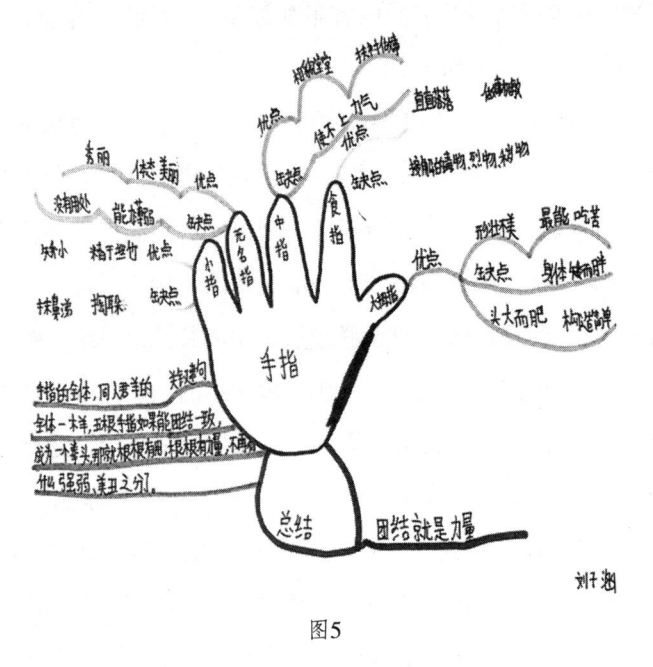

图5

又如，人教版六年级下册第五单元教材，以"科学精神"为专题编排，既是低中年级科学故事、科普文章的承接，也是上述单元的发展。选编的课文从不同的角度，用不同的方式对科学精神做出了阐释。《跨越百年的美丽》从居里夫人的美丽下笔，具体描写了居里夫人为了探索"其他物质有没有放射性"这一问题而进行的艰苦研究，赞美她对科学、对社会、对人类的贡献，更赞美了她的人格与精神。《千年梦圆在今朝》叙述了中华民族几千年来为实现飞离地球、遨游太空的美好梦想所进行的不断尝试和追求，重点记述了"神舟五号"的成功发射，载人航天的千年梦想终于实现，高度赞扬了中国航天人热爱祖国、团结合作、默默奉献、勇于探索、锲而不舍的精神。《真理诞生于一百个问号之后》用事实强调，只要善于观察，不断发问，就能在现实生活中发现真理。《我最好的老师》让学生认识到了科学精神的另一个侧面——独立思考和怀疑精神。

学生的学习是一个动态的建模过程。所以在阅读过程中，应用语文单元思维导图，可以帮助学生认识常见的篇章布局特点，帮助学生读懂文章的内容和认识文章中所运用的各种写作表现形式等。根据阅读内容的不同类型，就能画出语文单元思维导图。这样，学生通过画思维导图，能够对每一个单元的内容做到心中有数，更能对这一册书的内容了如指掌。

（2）绘制单篇课文的思维导图

教师教学单篇课文时，可以利用思维导图来帮助学生厘清脉络，把握主要内容。因为思维导图具有将知识可视化的特性，它凭借图形、线条、符号等方式，将复杂的知识体系以结构图的方式清晰地表现出来。我们能够很明确地看出课文的主要结构和层次，帮助学生整体分析一篇文章的结构、段落、重点等，有利于加强学生对相关概念的理性认识和理解，从而发展其抽象思维。利用思维导图预习课文，不仅使学生整体关注文本，快速梳理文章的主要内容，清晰地把握文章的结构，而且有利于提升学生收集、筛选、整理信息的能力，达到事半功倍的效果。因为它要求填写关键词，这对于培养学生的归纳、概括能力十分有利。

同时，语文课程标准强调，"在理解课文的基础上，提倡多角度、有创意的阅读，利用阅读期待、阅读反思和批判等环节，拓展思维空间，提高阅读质量"。于是，我们把思维导图灵活地运用到语文教学中，既有助于培养学生缜密的发散思维、逻辑思维，又有利于提高学生的阅读素养。这样的思维导图呈现的不仅是有形的阅读思维，还是抽象思维的可视化、直观化、形象化。学生在阅读文本时，绘制出来的思维导图能够展示出自己对文章内容和脉络的理解，能够把自己的思维过程清晰地凸显出来。这样，既有利于老师掌握学生对文本理解的程度，做到"对症下药"；也有利于提升学生解读文本的能力，提高阅读效率；还有利于学生构建阅读思维网络，激发学生的记忆力和创造力。

因此，有效地将思维导图运用到语文阅读课堂教学中，我们课题组成员认为可以从三个方面进行：课前预习、课中梳理和课后总结。

① 课前预习，厘清文章脉络。预习是学生自己在课前提前自学，是学生在学习课文时必不可少的关键过程。预习的好坏直接影响学生的学习效果，可以说它是决定学习是否成功的关键因素之一。因此课前预习，不仅培养了学生的探究能力、自学能力，还提高了学生学习的效率；不仅扭转了学生学习的被动局面，还巩固了所学内容，为他们在课堂学习中进行探究学习、合作学习打下了扎实的基础，大大激发了学生们学习的热情和兴趣。

对于预习课文，思维导图可以这样具体操作：首先学生应回顾自己对这篇课文已经掌握的知识点，把已经熟知的内容在思维导图中提前画出来，再根据教师的预习要求来拓宽自己的思路，在此基础上画出自己对文本独特的理解，也可以将自己对课文的推想以及非常感兴趣的问题绘制在思维导图上。这样，在后面的学习过程中，可以有目的、有针对性地对自己的思维导图进行补充和完善，进一步加深自己对文本的深度挖掘和学习。

不过，在预习过程中，还需要考虑预习的这五个基本要素：首先是字、词、句；接着是段落层次；然后是事件经过与高潮；再是学懂了和搞不懂；最后是对于课后题的解答与思考。所以在预习时，一定要结合以上五点内容，这样做对学生在课堂上更加高效地听讲和思考有着促进作用。因此，这样学生预习起来就有的放矢，效果自然也好多了。

例如，在学习《翠鸟》一课时，大部分学生预习展示的思维导图都非常清晰。课题放在中间圈起来，之后用柔和的线条从圆圈中生发出本课预习的情况。在图中的右侧标出字音、字形、字义三个分支。即字音，秆、叼、蹬、饲、翁、褐。字形，衬衫、橄榄、翠鸟、饲养、赤褐。解词，橄榄绿、锐利、陡峭、苇秆、小巧玲珑。

再如，在学习《为人民服务》一课时，学生的预习从字词、张思德的简介、主要内容、感悟四个方面来呈现（见图6）。

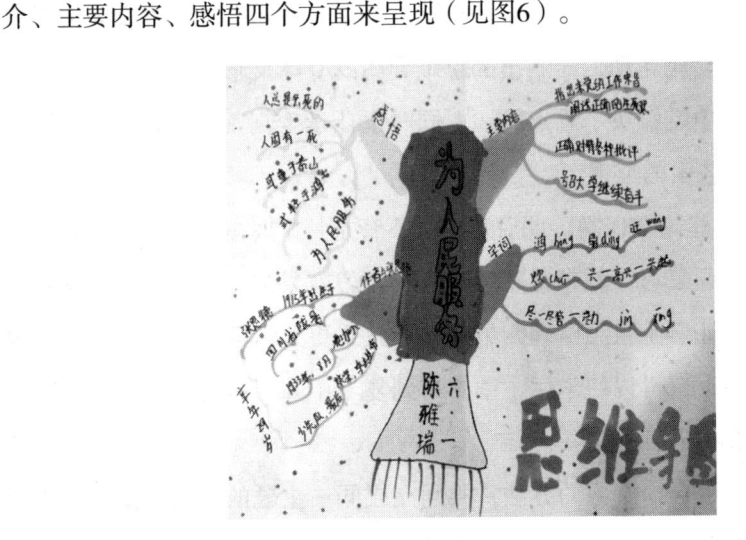

图6

学生预习时，经过绘制思维导图，对文本已有了大致了解，为文本的深入学习做好了铺垫。

②课中梳理，突破重难点（彰显结构）。有人说："学会了总结，就学会了学习。"可现实是，学生的头脑中没有系统的知识，一般只是通过不断刷题来强化自己对知识点的熟悉程度和掌控程度，这样做只能是事倍功半。学生也明白知识点需要归纳整理，为什么却没有积极地行动起来呢？主要是因为教师没有激发他们的兴趣，没有找到适合他们的归纳方法，而绘制思维导图就较好地解决了学生的这个"拦路虎"。

思维导图就是用灵动有趣的画面、清晰柔和的线条、鲜艳无比的色彩和多维度多视角来加以描摹的，呈现出非常博人眼球的效果。这样，学生在学习过程中就会更有针对性，更有趣味，也更完美。同时也提升了学生的记忆力、发散力、创造力。正因为思维导图有形象直观的特点，所以更适合学生运用和践行在学习过程中，更适合语文阅读课堂教学。

例如，学习《杨氏之子》时，这篇课文的难点是理解杨氏子甚聪慧。只要突破这一点，学生自然就掌握了故事中杨氏子应对语言的巧妙和智慧这一难点。而笔者是这样绘制思维导图的，先圈出"甚聪惠"三个字，再分成三个分支，即"有礼貌""反应快""会说话"，再在每个分支后提炼出文中相对应这三个特点的句子，"为设果，果有杨梅""儿应声答曰""未闻孔雀夫子家禽"。经过师生的交流互动，绘制出的思维导图既立体又形象，这样学生在轻松自如的学习氛围中就解决了难点问题，同时也让学生真正明白智慧、幽默、委婉地说话是一门艺术的道理。

③课后总结，建构知识网。课后总结，不管是从平时复习到期末复习，还是从单元复习到专题复习，教师常感觉学生的复习效果欠佳，学生对所学知识掌握不扎实。有时让学生自己整理归纳，复习效果更差。而思维导图就可以很好地解决这一难题，它可以使学生主动参与到复习中来，有针对性地完成专题复习任务，达到事半功倍的效果。

这需要采用小组合作学习的方法，共同完成同一主题的思维导图。在绘制过程中，小组成员要群策群力，形成头脑风暴式的操作方式，使每个成员在小

组活动中都有协作意识。

思维导图的运用，可以纲举目张，化烦琐为简约；可以串珠成链，变形散为神聚；可以文意兼得，见妙趣于笔墨；也可以横连纵比，出新意于说理。运用思维导图于阅读教学中，可以改变学生简单的认知方法，使学生具有更多灵活的、自由的想象空间，也让学生的思维更具创造力，有利于学生语文素养的提升和良好思维品质的形成。

例如，在语文教学中，老师可以利用思维导图对课文中重要的信息进行整理，并用自己的语言将它转化成图形的形式，帮助学生迅速掌握文章的主要内容，同时也可以引导学生自己动手绘制。在总结单篇课文时，利用思维导图能够帮助学生厘清思路，更好地理解文章的主旨，以人教版四年级上册《搭石》一文为例。

文章通过描绘摆搭石、走搭石等生活中几个平凡的情景，赞颂了搭石默默无闻的奉献精神，同时也赞美了乡亲们无私奉献的精神和一心为他人着想的传统美德。

首先我们可以让学生先整体浏览一遍课文，然后画出中心主题"搭石"。接着速读课文，画出导图的主干，即"话搭石""摆搭石""走搭石"及"赞搭石"。之后再详细读课文，画出支干，如在画出搭石后写上位置、原因、名称等，这样一篇课文的思维导图很快就绘制出来了。

好的思维导图是课文内容的"版图"，是展示作品场面的"屏幕"，是教学中引人入胜的"导游图"，是开启学生思路的"密码"，是读写结合的"桥梁"，是每堂课的"眼睛"……充分发挥好思维导图的教学辅助作用，提高绘制思维导图的目的性、针对性、灵活性、艺术性，这样就会为课堂增色不少，使我们的课堂鲜活起来，灵动起来，大大地提高了课堂教学效率。

2. 辅助习作，发展思维

作为能够反映普遍思维过程的工具，思维导图也能够反映作文时的思维过程。将它运用到作文教学中，能帮助学生发散思维、厘清思路、选择材料、巧妙构思，从而掌握作文规律，写出条理清晰的文章；将它引入中高段习作课程，可以改善学生的表达方式，拓宽学生的思维，让学生在写作过程中想写、敢写、会写，真正提升学生的写作能力。

纵观思维导图的各项特征，它的放射性思维模式符合语文学习知识面广的特征；跳跃性的思维模式能激发人超常的创造力与想象力，将其作用于小学习作教学中也极具优势。写作时，学生可以围绕某个关键词自由发挥，可以从根本上解决学生不知道作文怎么写的难题。将思维导图引入小学语文习作教学中，将复杂的知识体系结构直观化、图像化，帮助学生强化记忆，可以极大地促进学生的想象力，提高思维水平。思维导图是表达发射性思维的有效工具，能够用文字将学生的习作想法"画出来"。通过对作文思维过程的精细剖析与层层展示，帮助学生掌握作文方法，提供思维训练，优化教学策略，在写作时发散思维、思路清晰、有条有理，同时增强学生习作的兴趣和信心，提高其习作能力。

在一次观课议课活动中，应用思维导图帮助学生选材，授课的内容是人教版四年级上册第五单元习作内容"成长的故事"。

习作要求：人的成长既得益于成功收获的喜悦，又受教于失败总结的教训。在你的成长经历中，总有这样的一件事情始终让你时时想起，从中汲取成长的力量。自拟题目，选材真实新颖，叙述具体生动。

"巧妇难为无米之炊"，写作前，要确定主题，组织学生选择材料是指导写作的第一步。在教学中先引导学生抓主题并理解"成长"一词，即成长不单指我们身体的长高变壮，更重要的是心灵、思想上有收获。再确定体裁，写一件事情。在分析主题后，学生会遇到选材的问题，有的同学认为生活日复一日，没什么事情！有的同学却认为有许多有趣的事情，选哪件呢？又是伤脑筋的。

老师在此引导学生，借助思维导图抓住主题帮助自己选材。随后利用小树的成长图画将授课直观化，并激发学生积极参与头脑风暴。

教学片段：

我们每天的生活大致分为几个方面？

板画——玩耍、学习、运动、劳动等。

现在让我们来分享各自丰富的课余生活吧！老师最喜欢的活动是看书，

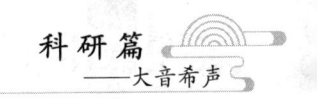

偶尔会打乒乓球，想和大家分享的就是劳动——老师去年坚持了一学期的事就是做早点，它帮老师养成了早起的好习惯，而且吃美味的早餐让身体也愈加健康，现在想起这件事，老师还是特别开心。

板书——看书、做早点。

那么，你们也来说一说自己的成长故事，老师邀请四名同学帮忙（写字工整、速度快）。其他同学写出自己最喜欢、最愿意分享的事情，举手示意，我们的小志愿者快速过去写在黑板上。

老师读一读同学们的分享（选择性念一些），看到别人的事情，并询问大家有没有立刻想起自己做过的，有这件，还有那件——真是精彩纷呈！能告诉大家你为什么选这件事吗？它使你收获了什么？最后完成思维导图。

小结：一个人的成长主要得益于两个方面——成功的喜悦和失败的教训。这些丰富多彩的小事充实了我们的生活，给予我们启示，激励我们成长。

思维导图为习作拓展了思考空间，并为学生提供多项选择，让学生在习作的过程中有了最佳选择。在写写画画的过程中，思维不再受约束，也不再有"无米之困"。经过思维导图的梳理，学生头脑中可以选择的范围就非常广了，可写的内容也多了。同时，学生在不断地思考由"中心点"辐射出去的内容时，学生的个性也在这个过程中得以彰显。有了导图的清晰展现，学生对内容的取舍也更有目的性、科学性，写作效果自然更佳。

同时，培养了学生主动参与学习，乐于探究、勤于动手的学习习惯；学生收集与处理信息的能力、获取新知识的能力、分析和解决问题的能力都在思维导图的制作过程中得以提升。

3. 经常复习，练就能力

思维导图自身具有极大的可伸缩性，它顺应了大脑的自然思维模式，可以使我们的主观意图醒目地在图上表达出来。在课堂教学中，思维导图就像一棵放射性的知识树，体现了语文教学的整体性和序列性，它能帮助学生分类整理知识，从而建立起立体的知识体系。复习时，由于知识点多而繁杂，容易造成记忆混乱。而运用思维导图则可以把一个单元、一本书的内容梳理、压缩成由关键信息及其联系所组成的一张图，便于学生在整体上建构和把握知识点，厘清复习的脉络和重难点。流程模式为出示核心词—厘清脉络—书画导图—分享交流—完善导图。做法是以单元为中心点，把单元主题提炼出来，形成核心词，用同样的方法把章、节、目的主题提炼出来，形成关键词；构建关键词之间、核心词与关键词之间的联系，明确章、节、目在单元中的地位。在此基础上绘制本单元的思维导图，学生间进行交流，互相取长补短，在复习中加以修改完善。思维导图是个能打开大脑潜能的强有力的图解工具，作为一种将大脑思维过程形象化、立体化的方法，它能够让学生在面对繁杂的语文知识时快速掌握方法、把握主线。绘制思维导图有利于学生自主学习、探究学习和合作学习，以此来提高自己的学习能力。

4. 拓展延伸，扩散思维

根据学生对教材理解能力的提升，对绘制思维导图技巧的高度掌握，教师可以把思维导图延伸到古诗教学、快乐读书吧等。

（1）古诗教学（见图7）

图7

（2）快乐读书吧（见图8）

图8

（四）绘制思维导图的步骤及注意事项

1. 绘制思维导图的步骤

（1）确定中心主题

通过阅读文章，选出最能表达文章核心意思的关键词。把黑板当作一张横放的白纸，把主题写在中央，并画一个图像代表目标，长宽约5厘米，至少使用三种颜色，强化图像在学生头脑中的印象。

（2）找关键词，确定主要分支

有多少个主要分支，就画多少从图像中央向外发散的颜色不同的粗线条，由粗到细，弯曲得像树枝一样。在线条上分别写上主要分支关键词，从左到右，用全黑颜色的印刷体书写，便于以后阅读。

（3）理分支，绘制二级分支和三级分支

分支为细线条，与相应的主分支相连接，三级分支与二级分支相连接，在分支模式的内外做连接时可以使用箭头。

（4）联想关键图像

关键词要有相应可以联想和想象的关键图像。可以是代码，是立体的，最好用三维图。图像可以引发广泛的联想，加强创造性的思维和记忆。

（5）上色

各种颜色贯穿思维导图的始终。

2. 绘制思维导图的注意事项

（1）练习手工绘制，融入个人特色

绘制者在学习绘制思维导图的初期，要尽量自己手绘导图，在练习手绘思维导图的过程中，首先要注意白纸的选择，如果不是正方形，最好横着摆放，这样空间会比较大。其次还要多尝试、多实践，能够形成自己的个人特色，再与不同的人相互比对各自的导图。互相汲取经验，不断对自己的导图进行修正完善。

（2）选准关键词，厘清脉络层次

在绘制思维导图时，绘制者选取的中心主题词应做到重点突出，简洁准确，容易记忆。若是关键词找不准确，那么由此迁移发散出来的分支也会缺乏准确性和有效性，这便不利于绘制者日后对自己绘制思维导图思路的再回忆。另外，在绘制思维导图的过程中，主要分支与下级分支之间的层次结构要明确、美观。这样一来，绘制者才能更加容易理解各分支之间的联系。

（3）色彩、线条、图形配合使用

思维导图最吸引人的地方是色彩和线条配合使用并恰到好处。这两个要素在思维导图中有着很高的导向作用。线条的走向如同路径的外部牵引者，决定着我们思维的运转方向；色彩则能激发人们的创造联想。绘制者在绘图的过程中可以使用丰富的图形和色彩，但是使用时要注意其导向性，不能胡乱涂抹。

（4）大胆展开想象，合理进行联想

绘制者在绘制思维导图时，要大胆地展开想象，充分启动发散性思维模式。人的眼睛和大脑的注意力很容易被导图吸引，它可以激起人的很多联想，并帮助人更好地记忆。所以，学生在日常学习和生活中使用导图时，不仅要大胆地展开各种联想，包括相类联想、相似联想和反向联想等，还要能够进行发散性思维的联想，这样方能更好地发挥思维导图的功能。

3. 思维导图的特性

（1）直观性和可视性

思维导图凭借关键词、线条、图像、色彩、符号等元素来展现各种信息间的联系，能够让人们隐形的思维过程变得一目了然，使绘制者看不见、摸不着的内心想法得以外显。它作为一种图示工具，可以使人在清晰认识自己的知识结构、思维过程及结果的同时，不断改进和完善自身的不足，促进自身能力的提高。

（2）发散性和聚合性

放射性思考是人脑的一种自然思考方式，思维导图正是这种放射性思维的表达方式，它更注重培养思维的发散性。一方面，思维导图中心主题处于图的中央位置，它的分支围绕中心主题向四周呈放射状延伸，每一条分支都由上一条分支上的关键词联想而来，最终发散成如蜘蛛网般的网状节点结构图形。另一方面，所有由关键词联想出来的分支无论如何变化，都始终围绕中心主题词。

（五）思维导图在阅读教学中运用的好处

语文课程标准强调："在理解课文的基础上，提倡多角度、有创意的阅读，利用阅读期待、阅读反思和批判等环节，拓展思维空间，提高阅读质量。"对此，可将思维导图适当引入小学语文教学，就如同为学生插上语文学习的翅膀。

因为思维导图是一种非常有效的方法，它以直观的方式将多重思维显性化，符合大脑的运作模式和思维记忆的特性，有利于学生语文能力的提升和思维品质的培养。因此，把思维导图"嫁接"到小学语文课堂教学中，好处主要表现在以下几个方面。

1. 激发兴趣

我国教育先知孔子早就指出"知之者不如好之者，好之者不如乐之者"。兴趣是最好的老师，通过思维导图，创设美丽、富有诗意的教学情境，可以最大限度地提升学生学习的兴趣，同时通过多彩的画笔勾勒出不同的轮廓，进而将不同类型的思维导图呈现出来，可以在一定程度上打破语文课堂的授课形式，进而激发学生的浓厚兴趣及强烈的学习欲望。

2. 帮助理解

思维导图是一种知识可视化、思维放射性的图形思维工具，将其运用于阅读教学中是一种收缩性思维，以直观图片与简练文字呈现相关知识点，这与其他教学手段相比具有不可比拟的教学优势，更能引发学生的想象、积极的思考与思维，有利于加深学生对知识的理解与掌握，实现学生的全面发展。

3. 指向表达

课堂的功能只相当于一个例子、一块试验田、一把钥匙，更广阔丰富、更生动多变、更精彩的世界在课外、在生活中，在于学以致用。

4. 拓展延伸

语文教材有一定的系统性，它按照由浅入深、循序渐进的原则编排。前面知识是后面知识的基础，后面知识则又是前面知识的引申和发展。引导学生运用思维导图，对下册这一单元的内容进行有序整合。从课内课文延伸到课外积累，从对已学知识的重组到建构自己的理解，激发深度学习的兴趣，将学生领进寓言故事的缤纷大世界。学生在写一写、画一画中，重点得以掌握，知识变得有序，沿着根、主干、枝、分枝，形成了记忆链接，复习变得轻松起来。

七、课题成果取得的成绩

1. 更新了教育观念

自进行本成果实践研究与推广以来，教师们改变了传统的教学观念，摒弃陈旧的教学模式，领会了思维导图教学法的有效性，并掌握了促进学习、激发智慧的要点。

2. 提升了教学认知

在成果推广期，课题组老师对在小学中高段阅读教学中运用思维导图的成果意义有了深刻的理解和认识。

3. 构建了教学模式

我们认为把思维导图教学法运用到中高年级的语文阅读教学比较符合我校的教学实际。在实验期，形成了"单篇课文""主题单元""古诗教学""整本书阅读"等系列课堂教学模式，并进行了推广，得到了师生的好评。

4. 提高了教科研水平

教育科研是学校可持续发展的不竭动力，抓好教育科研工作是学校内涵发展的有效增长点。现在福利一小在教科研的过程中，对教学课堂进行全面改革，努力创建全新的"开放的课堂"，形成了以教师为主导、学生为主体、师生共同探讨的全新教学格局，使课堂成了真正开放的、鲜活的、发展的、互动的课堂。成果实验的开展与推广，使参加本成果的老师从被动接受研究任务变为主动钻研。这推动了学校教科研进一步地发展。

5. 扩大了教学辐射

课题组成员在运用本成果的过程中，对思维导图教学法形成了比较一致的认识，并向一定范围内的教师形成辐射。不仅我校教师在运用，而且辐射到周边学校。

6. 提高了教学质量

这六年来，从区统考成绩来看，我校中高年级的语文成绩均较以前有较大幅度的提高。学校连续被评为"区质量优胜学校""兰州市教育质量先进单位"。

此外，这一课题主要阶段性成果包括：达秀兰撰写的论文《让思维导图为阅读教学助力》发表于《教师·下》（2019年4月），论文《让思维导图点亮课堂的精彩》发表于《新课程·上旬》（2019年10月），论文《"绘"出课堂的精彩——思维导图在阅读教学中的应用》发表于《新课程》（2019年11月），论文《思维导图，为学生插上语文学习的翅膀》发表于《新课程》（2021年3月）；张御梅撰写的论文《让"小泡泡"百花齐放》发表于《新课程·上旬》（2018年2月）；林洁撰写的论文《让低段写话教学绽放光彩——小学语文低段写话训练策略分析》发表于《新课程·中旬》（2019年9月），论文《探究小学班主任如何培养学生干部落实班级自主管理》发表于《新课程·上旬》（2019年9月）；张婷撰写的论文《有效的小组合作学习助推高效语文课堂》发表于《新课程·中旬》（2017年4月），论文《艺术带班，做智慧班主任》发表于《新课程·上旬》（2017年5月）；张卫卫撰写的论文《故事教学法在英语对话教学中的探索运用》发表于《新课程·上旬》（2019年10月），论文《让爱与教育同频共振》发表于《考试与评价》（2020年6月），论文《通过story time

教学培养小学中高年段英语学科核心素养的实践与研究》发表于《新课程》（2021年3月）等。同时还编印了《成果论文叙事文集》《阅读·探究·成长——设计反思文集》《运用思维导图中幸福成长——学生文集》《调查问卷集》以及《运用思维导图提高小学中高段语文阅读教学有效性的策略研究的终结性研究报告》，发表相关论文13篇，获奖论文及案例20篇，成果推广讲座5场。

八、关于进一步研究的思考

在实践与推广中，我们也积累了一些思维导图教学法在小学中高年级语文教学中的运用研究的经验，但仍有许多问题值得我们进一步思考探索。

1. 成果研究还有局限性

今后将继续开展研究，进一步积累研究经验，在实践中勇于探索，争取在更大的范围内推广，让思维导图教学法渗透课堂，真正做到促进学生整体素质的全面发展。

2. 教科研理论水平有待进一步提高

在成果研究中，尽管组员们参与热情很高并取得了诸多的实践成果，但是要将实践的素材进一步上升到理论层面并继续推广开去，仍需参研教师继续自觉提高科研意识，不断提升教科研理论素养和实际操作水平。

3. 成果研究的深度、广度有待进一步加大

以成果研究打造一支高素质的师资队伍，以成果研究为学生的持续发展奠基，使我校教科研工作更上一层楼。

4. 使更多的学校、学生、教师受益

继续加大推广力度，使更多的学校、学生、教师受益。

（此课题是甘肃省教育科学"十三五"规划重点课题，其成果获得兰州市2021年基础教育优秀成果奖特等奖）

《基于"福"文化特色的"福韵课程" 建设实践研究》研究报告

　　"学生发展"是一个内涵极为丰富的概念。从对象上讲，既包括少数精英的成功，也包括全体学生的成才。从内容上讲，既包括个性发展，也包括全面发展，个性发展是基于个性差异的个人的兴趣、爱好、专长等方面的发展；全面发展是指学生在体力、智力、活动能力与道德品质诸方面的发展。学校不能只求学生"学会"，更要教学生"会学"；教师不能只教学生"适应"，更要教学生"创新"。从整体上讲，就是要促进每一个学生的发展，促进每一个学生在每个方面的发展，促进每一个学生每个方面现在的发展与未来的可持续发展。适应社会发展与学生个人发展是构建具有文化特色课程体系的重要依据。具有文化特色课程的建设，首先要有特色地、创造性地开展国家课程。其次，文化特色课程要通过课堂体现，寻找适合本校特点、学生需要的实施方式，把特色课程贯穿于课堂教学。

　　著名教育家乌申斯基说："教育的目的在于使学生获得幸福。"多年来，福利一小致力于"福"文化的打造，在"福泽校园，福润人生"办学理念的引领下，创建了"幸福教育"的教育品牌。

　　学校以课程建设为立足点，以丰富多彩的教育教学活动为抓手，从修养福德、培养福行、蕴养福慧和涵养福能四个方面横向构建了符合学生需求的多元化、层次化、个性化的"福韵课程"体系；从国家课程校本化、社团活动课程化、德育活动体验化、级本课程特色化、班本课程个性化、家长和教师课程板块化六个方面纵向地进行课程体系的深层改革。通过以上"四横六纵"式的课程实施，全面培养学生感受幸福、创造幸福及分享幸福的能力，使学校形成全面、立体、可持续的人才培养模式，让幸福充满孩子们的童年时光。

基于以上认识与思考，我校于2018年4月开始了基于"福"文化特色的"福韵课程"建设的实践与研究，至今已经有近四年的改革历程，在不断改进、完善的过程中，我们积累了不少经验。课程开发历经如下几个阶段。

第一阶段：前期问卷调查及分析

一、针对不同年级学生展开问卷调查

为了掌握学生的学习方式，2018年4月我校在一至六年级36个教学班中随机抽查24个班。调查人数如下：一年级一班至四班每班10人，二年级二班至五班每班10人，三年级三班至六班每班10人，四年级二班至五班每班10人，五、六年级各四个班，每班10人。共发问卷240份，收回有效卷240份。问卷由10个单项选择题组成，分别就当前学生喜欢的学习方式、学习效率、课堂的问题意识、课前及课后安排等多个方面进行了调查。要求学生根据自己的实际情况以无记名方式进行回答，力求反映学生真实的学习心理，客观地反映课题研究的现状，从学生的问卷中获得相关的研究资料，通过统计分析后发现以下问题。

（一）学生对课程的了解程度

从问卷当中可以看出，学生不了解"课程体系"构建相关知识与内容的占82.8%，有大体了解和感知的占7.2%。学校一直开展的国家、地方、校本三级课程，对学生而言既熟悉又陌生，每天都在接触学习，但也没有明确的学习目标和分类意识，既融通又模糊。

（二）学生对课程的喜欢程度

从问卷调查中可以看出，学生喜欢多级课程的占63.9%，喜欢传统课程设置的只占25.8%。学生在个性发展中自我表现欲望大，希望得到认可，对于传统课

程设置不太喜欢。传统课程设置与教师的教学方式和学生的认知能力有关，学生对老师比较依赖，而且59.6%的学生喜欢创新有趣的课程和活跃幽默的上课风格，所以课程的设置和教师的上课模式直接影响了学生的上课效率。

（三）学生对课程的学习态度

虽然大部分学生喜欢自由、个性、有趣、丰富的课程，但同时他们又否定了自己对所选择的课程的学习态度。从调查结果看，61.2%的学生认为课程设置的种类、知识面的广度和授课教师的授课形式及能力直接影响他们能否持之以恒，坚持学习，而只有5.4%的学生认为学校目前的课程设置合理，对学习充满信心。

（四）学生对课程设置的形式意识

从调查问卷整体来看，学生喜欢上室外的、没有书面作业的课程，喜欢由活泼幽默、愿意和他们在游戏中玩耍互动的老师担任课程授课教师。例如，创客、彩泥、乐高、折纸、打乒乓球、打腰鼓等课程。

（五）学生对课程评价方式的倾向

通过调查，我们发现大部分学生对老师布置的作业都能认真且积极完成，占比达92.8%，但对于如何评价在课程学习中取得的成果，他们的意识比较模糊。习惯于通过考试，打出分数的评价方式的学生占64.8%，成果展评，师生共同评定等级评价的学生占18.6%；接受自己、老师、同学、家长共同参与评价的学生占16.6%。这些数据说明，学生不明确课程评价对学习的重要意义，学校也没有设置一个合适的时机和途径让学生去认识与接受全面客观的评价方式。

从以上调查中，我们发现了学生当前学习方式中存在的问题，得出以下两点结论。

（1）学校特色课程的设置，要从学生的需要出发。

（2）建立学校特色课程的评价体系。①评价不仅要关注结果，更要注重学生成长发展的过程，有机地将量化评价和质性评价相结合，将评价贯穿于校本课程实施的全部过程，使评价实施动态化、连续化、日常化。②课程评价要突出学校的课程特色，充分尊重学校师生以及学校和社区环境的独特性与差异性，强调在自我反思、自我体验的过程中，使学生的自主性得以健全发展。③评价注重对学生综合素质的考查，学习成绩仅仅是其中的一部分。要更多地关注学

生的创新精神和实践能力的发展，以及学生身体、心理素质、学习兴趣、情感
体验等方面的发展。

以上两点内容，为我们提供了开展对学生"福韵课程"问卷调查的理论依
据。对学生开展"福韵课程"调查的主要目的是以学生的直观感受为尺度，了
解学校所提供的特色课程的现状、存在的问题、为学校课程建设提供重要的参
照数据。

二、针对不同学科教师的问卷调查

通过本次问卷调查，我们得出以下几点结论。

（一）教师对课程体系构建的认识有失偏颇

我们调查的骨干教师中，有42.1%的教师认为学校开发及构建科学可行的
课程体系更能激发学生的学习兴趣与激情，更能培养学生的开阔思维与创新能
力，开发及构建基于"福"文化特色的"福韵课程"更能为学生及学校的良性
发展奠定基础。由于历史原因，被调查的教师普遍缺乏课程意识，教师关心的
只是"如何教"，至于"教什么"则认为是专家学者应该考虑的事情。根据崔
允漷的《我国校本课程开发现状调研报告》，我们也了解到，"就所调研学校
的教师来看，一半以上的教师（56.8%）能正确理解课程的基本内涵，如把课程
理解为'有计划地安排学生学习机会的过程'。但仍有近一半（43.2%）的教师
不能对课程有一个正确的理解，或把课程等同于教科书，或把课程视作所有的
教学材料，或者把课程看作是课程表上所列的科目"。这一点与我所调研的结
果是一致的。

（二）教师教书育人观的功利性色彩过重

调研结果显示，应试教育的观念在当前的教育中还是占据主流位置，狠抓
升学率仍是许多学校和教师心中不改的使命，这直接导致了教师教书育人观的
功利性色彩过重的问题。学校课程体系的建构及特色课程的设置主要是适应学
生个性发展，注重学生个性的发展、能力的培养，侧重学生在这一过程中获得
的各方面的发展，不能用标准分数来衡量校本课程的实施成效。在调查中，大
部分骨干及中青年教师都抱有积极参与、勇于尝试的态度，占参与问卷调查教

师总人数的57.5%；少部分教师目前还抱有比较保守的教学思想与态度，比较安于现状，对课程开发持消极态度。

（三）教师合作意识淡薄

根据对调查结果的分析，我们发现教师在自主、合作、探究方面的教学方法有一定基础，但在学校的教学工作中往往是"关门过日子"，教师都是单独面对课堂、学生，独立解决课堂教学中发生的问题，这使得教师的课堂活动形成相互隔离的状态，而且面对升学率这一"紧箍咒"的压力，教师间的竞争意识往往大于合作意识，因此大部分教师并不愿意将自己的实践知识与别人分享。

（四）"教师成为研究者"观念内化程度不够

学校课程开发要求教师从"教育方法"时代进入"教育内容"时代，也就是说，教师不仅是课程的使用者，同时还是课程的开发者，校本课程开发要求教师以研究者的身份进入课堂教学实践。但反观现实，我们不难发现，"教师成为研究者"这一观念并没有在广大教师群体中得到很好的内化。因为大部分教师已经习惯了固有的教学意识与教学方式，对于搞科研总有抵触心理。

以上是我们从学生的学习方式及教师的教学方式等方面进行问卷调查得出的结论，在客体的进一步实验实施过程中，我们应根据实际情况完善我们的实验。

第二阶段：基于"福"文化特色的
"福韵课程"的建设实践研究

实验初期，课程组建立了学习制度，课程组的教师要定期进行学习研讨活动。首先，以理论学习为先导，加强课程建设的意义、理论与实践价值的培训，对基本科研理论与科研方法的培训，对研究内容相关理论的培训及对教师专业素养发展的培训，课程领导小组坚持对课程组教师进行分类指导。其次，我们要求课程组各位教师坚持自主原则，根据学生的年龄特点开发课程体系，课程领导小组对每位课程组教师逐一指导，要求实验教师宏观认识上要立意高远，着眼点落在全面培养学生的核心素质及创新能力上，在课程内容安排上要力求详细具体，做到有目标、有任务、有内容、有评估。在此基础上，学校在加强校园课程环境建设上加大经费投入，为"福韵课程"的实施提供有力保障。

课程组教师进行课程设计和开发实验如下。

（1）课程组教师深入学生中，与他们座谈，研究学生的特别需要，重视学生成人成才的长远需要，确定开发的课程类型以及科目。

（2）根据学生的实际需求及核心素养发展要求，全面探讨、征集、完善课程内容，确保课程内容的精准、创新和趣味，为课程改革提供重要的动力。

（3）课程组设计课程纲要。确定课程目标（学生主动发展的目标），拟定课程内容的纲和目，课程内容要具有科学性、趣味性、可操作性。

（4）课题程组设计课程学习活动方案。①活动目标是对学生的认知、情感和行为发展期望。②活动内容是根据活动目标的要求，确定具体的综合性信息和有关的直接经验。③学习方式是根据活动目标与活动内容的要求，确定体验和探究活动的具体学习方式。④教学过程包括活动准备、活动导入、活动实施、总结评价四大步骤或四个阶段，以活动实施为主。在从活动导入到总结评价的学习活动过程中，要精心设计六大活动要素，即情境、问题、信息、思考、操作、总结，要使这六大活动要素有机结合起来。⑤实施建议是对灵活组织学习活动、充分发挥学生的主动性和创造性以及教师的恰当指导提出参考性意见。

（5）课程组进行课程实验。实验教师在课程开发的正确理念指导下，围绕《基础教育课程改革纲要》提出的课程目标、课程内容、学习方式及课程实施的建议，采用恰当的学习方式，即学生自主的体验式和探究式学习活动，进行课堂教学实验。通过实验，检验和修订《基础教育课程改革纲要》，探索"福韵课程"体系的教育教学方式和组织形式。

（6）探索"福韵课程"体系的评价方法。可以根据课程要求，结合我校实际，从评价学生的能力入手，采取平时评价与期末评价相结合的方式对学生的能力进行综合评价。具体实施方法为，基础知识占20%，方法和能力占20%，态度习惯、成果展示占40%和期末考查占20%，根据学生的最终成绩评定学生等级，分别用优、良、合格、不合格四个等级进行综合评定。

在对师生进行充分调研并有序开展课程建设研究后，学校以课程建设为立足点，在国家、地方及校本三级课程的基础上，与学校多年实施的"福韵时光"课程进行了整合、融通，以丰富多彩的教育教学活动为抓手，从修养福德、培养福行、蕴养福慧和涵养福能四个方面横向构建了符合学生需求的多元化、层次化、个性化的"福韵课程"课程体系（见图9）。

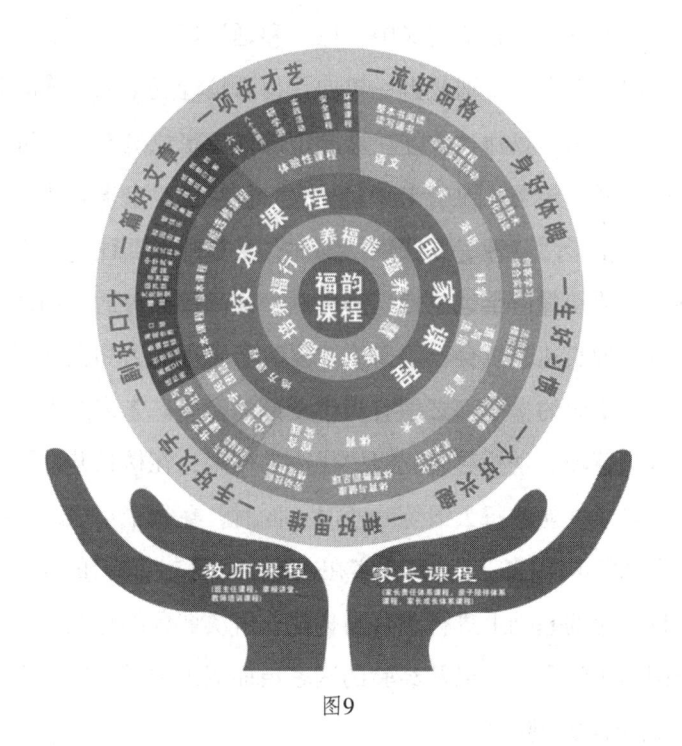

图9

经过三年的反复实验、论证及完善，基于"福"文化特色的"福韵课程"的建设实践研究取得了一定的进展。

一、国家课程（基础性课程）校本化

《基础教育课程改革纲要》中指出，小学阶段以综合课程为主，要加强教学与儿童社会生活的联系，鼓励学校进行多样化的课程整合。依据我校"幸福教育"的办学理念及"个性、超越、未来"——个性，一是根据学生发展的需要设置个性化的课程，如每天20分钟的阅读，每周五全校的智能选修课，外教的英语口语课等；二是根据学校条件、特色，因地制宜设置福利一小个性化的课程，如学校的环境课程，形成文本，并每年通过海选文化讲解员及班级文化评比活动，使学校文化内涵真正内化于心、外化于行。超越，超越教材，完成从教教材到用教材的转变，内容的整合和选择都源于教师；超越课堂，这一点在我校推行的"四三三"教学模式中，探学和延学环节体现得最为突出，这两个环节都不局限于书本。特别值得一提的是，学校近五年来实施的假期作业改革，注重实践性；超越教师，教师在课堂中的角色定位是与学生进行共同活动的合作者和引领者。未来，面向未来，具有时代特色，未来人才一定要具备表达能力，"课前精彩两分钟"、课中"三评"是指师生互评、生生互评、学生自评，所有大型活动都由学生主持，每年六一前的校长对话小福娃活动，学校都为学生创设各种表达的机会；未来人才要具备管理能力和全局意识。学校规定，在福利一小毕业的学生都必须有当小干部的经历。未来的人才首先能够健康生活，有审美情趣。学校尽力克服操场小的局限，在楼顶开辟了三处活动场地，保证1600名学生能够每天锻炼一小时。同时，在每个年级通过级本课程的开设和每个班级班本课程的开设，实实在在落实体育艺术2+1的课程文化，将国家课程在学校文化的基础上进行融合与构建，解决课程的重复、交叉问题，从而使面向全国学生学习水平以及经验的国家层面规划和设计转变为适合我校学生需求及实践的学习经验。

国家课程如何落地福利一小？我校课程的开发与实施以"12336"培养体系为目标，凸显"幸福教育"一个核心，培养"德行思维"两大品质，创新"8+N+3小福娃蹦极跳评价、5X星级阅读评价、学科思维评价"三大评价体系，突出"个性、超越、未来"三个关键词，彰显"学会学习、健康生活、责

任担当、实践创新、人文底蕴、科学精神"六大素养，不断优化课程结构。以五年规划为统领，设计适合福利一小学生发展的国家课程校本化体系，探索出一条培养学生核心素养的有效路径。

（一）学科间的短线整合

福利一小在国家规定的学科课程基础上，根据学科发展的内在规律以及学生学习与发展的需要，初步构建了语文与阅读、数学与益智、英语与信息技术、运动与健康、艺术与审美五大课程领域的整合。

语文以课程统整建设为重点，自主创生诵读课程、阅读课程、写作课程、书艺课程，构建读、写、诵、书一体化的课程体系。学校保证每一门课程的建设都围绕学生的核心素养发展而展开，每一门课程的质量都为学生的核心素养服务。

1. 诵读课程

经典是人类智识之精华、世界文化之瑰宝。在儿童3～13岁记忆力最好的年龄，让他们接触内涵丰富的经典，把博大精深的智慧及早灌注到孩子的心灵之中，对其一生文学素养的培养、道德品质的陶育具有重大而深远的意义。诵读经典，可以建立儿童和文本之间的联系，引起儿童的兴趣感动。

学校开设的诵读课程的内容为：①童谣歌谣、现代诗诵读（《日有所诵》），利用每周一到周四下午第一节课的前十分钟短课开展，每周五进行巩固，学期末检测验收。②每周一诗，每周向学生推荐一首古诗，语文课开课前诵读。每学期至少推荐古诗16首，每学年不少于32首。32首加上寒暑假的各10首，每学年学生积累的古诗不少于50首。六年级毕业时要求达到300首。每年4月读书节时学校统一检查学生的古诗积累及达标情况，对古诗积累小能手进行表彰奖励。③路队诵读，要求放学路队中诵读经典古文。

2. 阅读课程

（1）以经典儿童文学作品为主要内容的整本书阅读。整本书阅读是指有一定长度、难度、深度的语言文字的阅读，每周一、二、四、五早读时间进行整本书阅读（周三早上为益智课堂）。学校制定了《福利一小整本书阅读推荐书单》，将学校阅读、家庭阅读与寒暑假阅读相结合，教师通过推荐课、推进课、交流课引导学生大量阅读，提升学生的语文素养，擦亮学生的生命底色。

（2）以"名家名篇"为主要内容的主题单元学习（各年级的补充读本）。主题单元是一种最经济的阅读形式，保质保量地完成了语言文学教育。主题单元的内容是配合教材收集整理的，是配合语文教材进行的学习，评价可纳入检测卷或者举行阅读知识竞赛。

（3）以激发学生阅读兴趣为主的绘本阅读。绘本作为一种以图画为主要表现内容和形式的读物，构图巧妙、造型生动、色彩优美，对于低年级孩子具有很大的吸引力。学校整理出优秀绘本作品，制成电子版，由语文老师通过PPT播放的形式讲给学生听，为学生的中高年级阅读打好基础。

（4）阅览室静心读。安静的阅览室是学生上阅读课的场所之一，每天下午4点到5点都有一个班级去阅览室，在丰富多彩的课外书中享受精彩时光。

3. 写作课程

习作教材继续以"贴近学生生活，注重实践体验"为宗旨，在内容安排上力求安排学生感兴趣的话题，富有情趣；在呈现形式上力求灵活多样；在操作练习上提供多元选择；以利于学生能够轻松愉快地习作，并在习作过程中不断增强自信心和创新意识。

（1）情境作文课。习作应多一些童真和童趣，多一些体验和感受。适宜的情境是使学生有话可说的基本条件，情境作文课通过活动、游戏等，让学生多一些真实的体会和感受，从而使习作变得简单。

（2）随堂小练笔。语文课上因"课"制宜，设计一些小练笔。

这样，既有专门的习作训练，也有随课文安排的片段练习，体现了学校对读写结合规律的尊重。

4. 书艺课程

书法是一种艺术，它反映着我们民族的文化精神和审美追求。书法教育具有德育、启智、审美等作用。学校将书艺课程校本化，旨在使学生掌握书写的基本方法，能写一手好字，并培养学生良好的观察力、分析力、创造力和审美能力。

比如，语文学科教学的同时，也大力倡导学生进行整本书阅读，并倡导用

多种形式对阅读成果进行评价；数学学科加强了对学生思维速度与灵敏度的训练，大力开展益智课程；英语学科注重借助录音、视频、畅言通、幻灯等多种媒体及flash、Power Point等多种应用软件进行英语文化与情境教学的融合渗透；体育课以身心健康教育为首，发展学生的运动技能，提高其身心健康水平，促进其形成健全的人格及良好的意志品质；音乐课堂融入多元器乐教学，让学生感受、理解和鉴别不同音乐的美；美术课分年级进行衍纸画、水粉画、油画及手工制作等教学，培养学生欣赏美、创造美的艺术能力。

另外，历经四年改革的"菜单式"创新性假期作业，应以学年寒暑假之分，将学科知识与生活实践融合，打破了学科知识间的壁垒，以"30项自选菜单"作业为主，分为"独立作业"与"亲子作业"两大部分，跨学科式地集中体现作业的实践性、综合性、拓展性、探究性、开放性和合作性，注重对学生动手操作能力、社会实践能力和创新能力的培养，着力践行全人教育与幸福教育。同时，我校每学期都会举行特色假期作业大型展评活动，一册册创意无限的假期实践活动册、一本本优美的读书摘记、一件件别具一格的灯笼、一幅幅精美的画作、一个个精心制作的手工作品，充满了奇思妙想，彰显着福利一小浓厚的书香气息与福娃们独特的创造力。

（二）学科内的长线整合

教材是贯彻与执行国家课程的最主要依靠和手段，然而国家课程的校本化实施，也就必然促使学校对课程内容进行"关注整体，超越教材"的重组与创新。

在语文学科中，福利一小进行了"单元整体教学整合""课内外阅读整合"及"阅读与习作整合"的尝试，全面提高语文教学效率，构建大语文观的教学金字塔；在数学学科中，将数学课程与综合实践活动课程有机整合，较大程度地培养了学生探究应用和实践创新的能力；在英语学科中，将语音教学、文化阅读、主题创编进行情境化的有效整合，培养学生良好的知识素质、人文修养及多元的思维能力；在音乐课中，将教学内容按主题进行重组，在单元教学中，综合聆听、歌唱、欣赏、律动、创编、演奏等内容来提升学生的综合音乐素养；在体育、舞蹈课中，让学生在自然、韵律、健美、愉悦中达到健体、寓情、促质的目的。

（三）学习时间的整合

课程整合后，我校不断探索，将长短课错落编排，把时间充分利用起来，让学生在学习中课的体验成为为他们幸福成长而量身定制的精彩课程。

首先，学校以"四环三点三评（433）"的参与式高效课堂教学模式为抓手，探索与实践国家课程体系，设置了"25+10+5"的基础课时，主要安排数学、英语、语文、科学、美术等学科。课堂的前25分钟进行"探学"与"合学"，在个人先学与四人对学中，发现重要信息，提出问题，并进行整合、交流、梳理。10分钟的"内学"即集体群学，这也是学生汇报展示、巩固内化的过程，让学生在各抒己见的互动中讨论、更正及评价，对所学知识进一步理解与内化。5分钟的"延学"即师生碰学，教师引导学生对本课所学的知识、方法、规律进行总结、提升，共同探讨本课知识点可延伸的方面，形成思维碰撞，让课堂收到"课已尽，意未尽"的效果。

学校设置了短时灵活的"小课时"，如每天清晨20分钟的"整本书阅读"课程，培养学生的阅读兴趣及良好的学习习惯；每天下午10分钟的"经典诵读"小学堂，对学生进行传统文化与人文理念的熏陶。另外，每周设置一节25分钟的短课时，让学生进行自助式"益智课程"的学习，让学生在自主、合作、探究中促进智力的全方位开发。

福利一小整本书阅读中年级推荐书单（上学期），如表2所示。

表2

年级	书名	作者	出版社
三年级	必读：《魔法师的帽子》	［芬兰］托芙·扬松	明天出版社
	《爱丽丝漫游奇境》	［英］刘易斯·卡罗尔	接力出版社
	《长袜子皮皮》	［瑞典］阿斯特丽德·林格伦	中国少年儿童出版社
	《时代广场的蟋蟀》	［美］乔治·塞尔登	二十一世纪出版社
	《亲爱的汉修先生》	［美］贝芙莉·克莱瑞	新蕾出版社
	《随风而来的玛丽阿姨》	［英］帕·林·特拉芙斯	明天出版社
	选读：《格林童话》	［德］雅各布·格林、威廉·格林	中国画报出版社
	《大林和小林》	张天翼	海豚出版社

续 表

年级	书名	作者	出版社
三年级	《兰心的秘密》	［德］米切尔·恩德	二十一世纪出版社
	《爬进月亮的男孩》	［英］大卫·埃尔蒙德	河北少年儿童出版社
	《洋葱头历险记》	［意大利］贾尼·罗大里	中国少年儿童出版社
	《天使的名字》	［瑞典］玛利娅·格里佩	湖南少年儿童出版社
四年级	必读：《夏洛的网》	［美］E.B.怀特	上海译文出版社
	《青鸟》	［比利时］莫里斯·梅特林克	中国少年儿童出版社
	《雪地寻踪》	［苏］维·比安基	广西师范大学出版社
	《小狐狸阿权》	［日］新美南吉	广西师范大学出版社
	《总有一天会长大》	［挪威］托摩脱·蒿根	上海译文出版社
	《鲁滨逊漂流记》	［英］丹尼尔·笛福	中央编译出版社
	选读：《我是一只狐狸狗》	林良	福建少年儿童出版社
	《林汉达中国历史故事集》	林汉达	中国少年儿童出版社
	《森林报》	［苏］维·比安基	二十一世纪出版社
	《爱的教育》	［意］埃迪蒙托·德·亚米契斯	中国少年儿童出版社
	《绿拇指男孩》	［法］莫里斯·杜恩	新蕾出版社
	《神奇的收费亭》	［美］诺顿·贾斯特	南海出版社

二、社团课程（拓展性课程）精品化

兴趣小组、社团活动、选修课程这三者之间的关系如何？兴趣小组活动课是社团活动的基础，社团活动与校本课程开发既有区别又有联系。根据学校实际情况成立的学生社团，如果按"课程"来设计，系统地、规范地考虑其目标、内容、组织实施以及评价等要素，这样的"社团"就是"校本课程的开发"，其实也就是社团活动课程化的一个过程。

"福"文化深厚的底蕴和灵动的精神，构成了"幸福教育"课程资源的内核力。"福韵时光"社团课程是我校实施"幸福教育"的重要载体，以"五培养+三锻炼"的模式构建以精品社团活动为龙头的课程系统化格局。"五培养"，即培养一门艺术雅趣、一项体育技能、一份科学精神、一个健康心理、一身综合素质；"三锻炼"，即锻炼自我管理、自我教育、自主发展能力。学校的社团课程以学生的兴趣爱好为出发点，打破年级、班级界限，每周五下午采用"混龄走班"的方式开展"游学式"社团课程，真正地为每一名学生的成长提供个性化的课程菜单。

目前，我校将课内与课外、选修与必修相结合，自主研发出了具有学校特色的智能选修课程体系——"福韵时光"，共分为五大类，33门选修校本课程。智能选修课程既能满足学生的个性发展需求，促进学生多元发展，又能不断地提升学生的综合素质。智能选修课程分为道德素养、人文素养、审美素养、科学素养、身体素养五大类。道德素养类有"戏剧""经典诵读"；人文素养类有"小小主持人""国际象棋""小学硬笔书法"；审美素养类有"陶艺""快乐拉丁舞""韵之舞""韵之声合唱""数字油画""手工制作"；科学素养类有"创客""探究性科学实验""纸航模""机器人""DI创新思维"等；身体素养类有"武术""快乐篮球""跆拳道""易行独轮车""校园街舞""桌式足球"等。

"福韵时光"智能选修课程是学校推进新课程改革的一项举措，更是学校打造教育品牌的金字招牌，旨在让每一个福娃徜徉在丰富多彩的社团课程里，在福利一小这片海洋里，幸福起航，破浪前行……

丰富的校本选修课程，拓宽了学生的知识领域，培养了学生的兴趣爱好，发展了学生的个性特长，使学生体验到了多元文化和丰富生活，促进学生多元地、个性化地发展。

三、主题活动（综合性课程）课程化

学校以"福"文化内涵为引领，以丰富多彩的主题活动为载体，从创新思路和扎实工作入手，不断地将德育活动进行综合性、实践性的调整与归类，利用德育主题活动、少先队队会及安全主题教育等，让学生在参与中体验，在体验中成长，让学生回归生活、回归自然、回归社会，在参与、实践、探究中自我体验、自我领悟、自我教育与自我成长，促进学生综合能力的提升。用经营课程的意识进行总体规划—梳理整合—推动转化—突出特色四个步骤来架构及实施系列化、主题化的德育活动，进而形成具有时间上的全程性、空间上的全

面性特征的德育课程体系，达到循序渐进育人的综合目标。

（一）显性课程——德育课程的助推器

多年来，我校始终以"3368"工程体系为抓手，不断创新德育形式，拓宽德育渠道，努力提高德育的实效性和针对性，以主题性德育活动持续推进学生文明懂礼、孝善与感恩、经典传承和艺术素养等方面的综合发展，逐步形成以"六礼"和"八个主题月"为亮点的德育课程内容，彰显我校以"福"育人的特色。

1."六礼"主题活动课程

一年级入学礼，小福娃们在开学第一周，在小讲解员的带领下与校园亲密接触，认识校园、认识老师、了解学习、列队、集会等小学生活的日常，接受老师与同学们的美好祝福，让他们做好从幼儿园到小学的心理转变；二年级文明礼，三年级成长礼，四年级诚信礼，五年级感恩礼，让孩子们在这四年里，通过四礼主题活动系列课程的洗礼，学习礼仪、认识自我、诚信待人、学会知足，懂得感恩与分享；六年级毕业礼，以六年的童年经历、成长足迹及老师的温暖陪伴为序，拉开孩子们用丰富多彩的节目来汇报自己成长与收获的幕布，表达对母校的深情感恩与不舍。

2."八个主题月"主题活动课程

"文明三月"是以"学雷锋日""妇女节""植树节"为契机，开展以"互助，感恩，环保，文明"为主题的系列活动，让学生带着雷锋精神、心怀感恩、将文明的种子播撒在校园内外的每一个角落；"书香四月"以读书节为契机开展"书香校园"读书节活动，古诗考级、阅读考级、"书香一家亲"展评、经典轮诵、读书节徽标征集等校级活动，使学生们真正与经典为友，身心都得到全面发展。亲子朗诵会、成语大赛、读书报告会、"红领巾"书市、教师读书沙龙等特色活动，内容丰富，让师生充分领略了读书的乐趣；"阳光五月"以健康、和谐为主题，在骄阳下，学生拼搏与奋斗；"感恩六月"学习百名美德少年的感恩事迹、感恩主题征文、感恩演讲比赛、制作感恩卡及六年级的毕业礼等，都表达着学生对家人、对同学、对老师、对社会、对祖国的感恩之情；"魅力九月"各学科观摩课展示活动，学校邀请全校家长分批、分次来校感受观摩课堂，从而了解学校的教学工作，感受福利一小教师的魅力与风采；"激情十月"在"福娃唱响中国梦""唱红歌·诵经典·承中华美德""中国梦——主题绘画比赛""社会主义核心价值观主题队会""我的核心价值观童谣传唱"等主题活动中，让学生们体验爱国情感，激发民族自豪感，从而树立正确的人生观、价值观；"畅想十一月"让学生大胆想象、放手创造，沉浸在自己的科技创新世界里；"回眸十二月"让师生与书为伴，沉浸在书海里，通过读书交流会分享读书的乐趣。

"八个主题月"中，我们以"阳光五月"为例。2018年民族运动会；2019年童话运动会；2020年奥运主题运动会（国际视野）。每四年一个循环，一年一个主题，周期推进。

"六礼"的相伴和"八个主题月"的浸润，如"春风化雨，润物细无声"般潜入福利一小全体师生的骨髓，经过长期沉淀、熏染而形成的校风，潜移默化地影响着师生的素养。

3. 社会实践活动课程

学校在开展"3368"工程体系活动的同时，积极组织学生开展社会实践活动课程。此类活动一般是由学校提出课时安排、活动载体、活动内容及考核评价方面的要求，并由有资质的合法第三方机构组织完成（见表3）。

表3

次序	主题	实践基地	参与人员
1	清明忆先烈，献花寄哀思	兰州市革命烈士陵园	五年级
2	兰州蓝·与爱同行	22街区社区	学生代表
3	拥抱海洋，放飞梦想	联合兰州极地海洋世界	四年级
4	小福娃牵手夕阳红，爱心献社区——端午献爱心	福利路社区	学生代表
5	模拟法庭进校园，知法守法我先行	西固区人民法院	五年级
6	童心向党，让爱起航	雷达部队	四年级
7	体验科学，放飞梦想	中国流动科技馆	全校学生
8	兰州蓝·与爱同行	福利路社区	全校师生

次序	主题	实践基地	参与人员
9	"三大攻坚"创文明，雷锋精神伴我行	福利路社区	学生代表
10	祭英烈·献哀思·承美德	兰州市革命烈士陵园	四年级
11	我们是"讲文明、有品行、重实践、会协作"的小福娃	中小学生综合实践基地	五年级
12	传承民俗文化，弘扬文明新风	福利路社区	学生代表
13	共庆十九大童心永向党	雷达部队	四年级
14	特别的节日，别样的爱	兰州市儿童福利院	师生代表
15	科普启明灯，照亮未来梦	兰玻东社区科普馆	六（1）班
16	临夏研学游	临夏	六年级

开展此类活动的目的在于弥补学校教育的空白，对学生文化熏陶、文化传承、价值观树立、品格及劳动技能等方面的培养，让他们成为一个有知识、有格局、有情怀的人格健康的人。

（二）隐性课程——德育课程的隐形翅膀

走进福利一小，我们就可以看到一派祥和与盎然之象：校园里，环境清新，文化育人；课堂上，循循善诱，博采众长；活动中，长袖善舞，健康悦纳。隐性的德育课程在福利一小的福地上散发着独特的育人魅力。

1. 校园环境文化

校园环境作为一门隐性的德育课程，承载着学校的办学灵魂和独特的精神财富，蕴含着全体师生在学校教育活动中的价值观念、行为方式、人际关系及学习样式，潜移默化地发挥着巨大的育人作用，能促进学生良好的道德品质形成。

近两年，我校大力改善校园环境，承载着我校"福"文化之八福纳祥的"幸福大道"，呈现学生多彩生活的"幸福之窗"，解读"福"文化内涵的"福泽轩"长廊，体现学校"福"文化精神力核心系统的"迎福厅"，满载师生六年快乐时光的"幸福列车"，凝聚师生魅力风采的"幸福一家人"及简约、温馨的读书长廊"悦读轩"，舒适、轻松的心理长廊"馨语轩"，时尚、多彩的艺术长廊"艺韵轩"，创新、环保的科技长廊"创翼轩"，都营造着特定的育人情境，让每一棵花草、每一位学生、每一名老师、每一处景观都沉浸在"幸福教育"的情境之中，以间接的、内隐的、渗透的方式影响学生的道德规范和行为方式，从修养福德、培养福行、蕴养福慧和涵养福能四个方面合力绽放。"我心目中的学校，春夏秋冬四季如画"，我想，这就是孩子们理想中的童年，心目中的福地。

2. 家长课程

随着福利一小的不断发展，学校决定在家长中"借智借力"，盘活家长中的优质资源，打开家校合作的新局面。为此，学校依靠社会、家庭、学校"三位一体"的合力开设了"家长讲堂""家长培训""户外亲子实践活动""安全教育"等多门家长课程，目的是在学校内外形成共防共守、资源共享、优势互补、相互促进、合作共赢的教育发展新策略。

我校成立的"橙、红、绿、蓝"四个家长志愿者团队为家长课程的开设全程助力。目前，"绿队"家长志愿队已组织各班开展不同主题的户外亲子实践活动近40场，为学生的实践探究开辟了新的天地；"蓝队"负责的家长讲堂也开展得如火如荼，如"爱牙护牙""安全小常识""有效预防感冒""文明城市一起建"等，共开展了15场不同主题的家长讲堂，从不同的视角给学生们带来更多的精彩课堂，也教给了学生们更多的生活技能；"橙队"负责带领学生每周一进行校园及周边环境安全隐患的排查，把安全教育课程落到实处；"红队"负责协助学校开展大型活动，如学校开展假期作业展览、文艺演出、毕业典礼、安全演练、社区教育、联谊交流、对外接待等活动时，都会出现红队家长的身影，他们用身体力行来发挥隐性德育课程的功能。

德育课程的开发与设置，打开了我校教育教学的另一扇窗，使学校的教育更加现代、开放、民主。

福利一小家长培训课程统计，如表4所示。

表4

时间	地点	参加人员	主题	主讲
2018年3月28日	五楼大厅	三年级家长	帮助孩子良好的习惯	王 静
2018年9月9日	西固区委党校	一年级家长	一年级家长智慧	赵丽娟
2018年9月25日	西固区委党校	五年级家长	智慧伴随孩子成长	罗 敏
2018年10月16日	西固区委党校	五年级家长	沟通理解合作	张兰宁
2018年11月9日	五楼大厅	四年级家长	如何培养孩子的情商	高宝强
2018年11月14日	五楼大厅	全校200名家长	母亲教育兴家旺族	刘逸舟
2019年3月15日	五楼大厅	六年级家长	帮助孩子做好小升初准备	王 静
2019年4月25日	五楼大厅	一、二年级家长	立家德，正家风，兴家业，优家教	邹馨仪
2019年5月2日	五楼大厅	全校200名家长	家校携手，共育阳光健康好少年	刘逸舟
2019年8月23日	五楼大厅	一年级家长	新生准备会	各科领衔教师
2019年9月14日	五楼大厅	200名家长	兰州市百名好家长宣讲会	王海霞
2019年11月14—15日	五楼大厅	一、二年级家长	好习惯开启幸福人生	王 静
2020年3月28日	五楼大厅	六年级家长	"扬帆起航"的小升初家长培训会	王 静

福利一小家长讲堂活动统计，如表5所示。

表5

次序	主题	家长讲师	参与学生	班主任	时间
1	爱牙护牙进行曲	王海霞	一年级	党 玲	2018年6月7日
2	如何预防流感	杜知衡	四年级	吴玲歧	2018年11月15日
3	创建文明城，情系你我他	李永定	五年级	张玉兰	2018年6月23日
4	练健康体魄，塑魅力形象	杜明杰	六年级学生及全体教师	吴玲歧	2019年5月10日
5	妈妈说安全	李周效	二年级	张芳梅	2019年5月20日
6	家校携手育福娃，远离毒品爱生命	张俭勇	四（2）班	刘 芳	2019年6月25日

续 表

次序	主题	家长讲师	参与学生	班主任	时间
7	家长进课堂，健康伴我行	董 丽	一（3）班	樊小梅	2020年3月8日
8	我和绿宝宝一起长大	各班种植教师	全校	31位班主任	2020年3月21日
9	eye上健康，清晰未来	朱宗成	二（1）班	侯海燕	2020年3月29日
10	爱牙护牙，健康相伴	张明恩	二（5）班	柳文霞	2020年4月3日

福利一小亲子实践活动统计，如表6所示。

表6

班级	时间	活动主题	活动地点	班主任
二（2）班	2018年9月	亲子拓展强体魄　家校携手促成长	拓展基地	张芳梅
二（4）班	2018年10月29日	福娃相约，情牵夕阳	颐瑞康敬老院	党 玲
三（2）班	2019年4月22日	保护地球母亲，倡导绿色生活	元蚪山	刘 芳
二（4）班	2019年5月13日	种下一片绿色，共创一片蓝天	石头坪	党 玲
四（3）班	2019年6月	扬长征精神，做红军传人	实践基地	吴玲歧
三（2）班	2019年6月	弘扬传统文化，传我浓情粽香	金城公园	刘 芳
四（5）班	2019年9月	月儿圆，情意浓浓，家团圆	石头坪	张 婷
四（4）班	2019年10月	重阳节里话感恩	元蚪山	骆美林
五（2）班	2019年10月28日	亲近土地，体验劳动，感恩生活	范家坪	张玉兰
二（3）班	2019年10月	趣味"玩"秋天，别样"话"童年	安宁植物园	张海英
三（5）班	2019年12月	初冬畅想，童心筑梦	杏胡台	胡 笛
二（2）班	2020年1月	亲子同乐，共享快乐寒假	凤凰岭滑雪场	张映玲
二（3）班	2020年2月	"小福娃"当家，我来办年货	年货街	张海英
三（3）班	2020年1月	滑乐享精彩，放飞福娃梦	兴隆山滑雪场	马肖霞
四（2）班	2020年3月1日	福娃过福年，欢乐闹元宵	酒店多媒体厅	刘 芳
四（2）班	2020年3月2日	福娃过福年，欢乐闹元宵	金城公园	刘 芳
一（3）班	2020年3月19日	睁大眼睛，我们共赴春之约	甘肃省科技馆	樊小梅
二（3）班	2021年2月	"小福娃"当家，我来办年货	年货街	张海英
五（2）班	2021年3月19日	拥抱新时代，争做好少年	社区活动中心	张玉兰
三（2）班	2021年3月24日	它失去保护，我们就失去健康	黄河边	张芳梅

3. 德育课程评价体系

学校实行"小福娃蹦极跳"评价体系，同时也对学生进行"8+N+3"的多元评价模式，"8"即结合八大主题月评选的文明、悦读、健康、知行、智慧、和美、创新、博艺8个项目的小福娃，"N"代表培养学生的N种能力，"3"即逐级评选铜、银、金三级福娃。每个月各班根据"月主题"评选班级单项小福娃8名，在各班教室的小福娃评价栏中展示。每个班推荐评选校级单项小福娃1名，制作小福娃实际宣传材料，在学校电子大屏幕上播放，并在"小福娃蹦极跳"展示栏公布。每年6月统计孩子们校级小福娃获得次数，累积获得三次可评选为铜福娃，累积获得六次可评选为银福娃，累积获得八次可评选为金福娃。金福娃是学生评价中的最高荣誉，同时也是学生全面发展的体现。这种成体系、有梯次、不断递进的激励方式让学生体验成长的快乐，激发学生多方面的潜能，做最好的自己，从而实现全面发展的教育目标。

四、级本课程（选择性课程）特色化

学校级本课程的开设是把国家课程校本化的形式积极落实到了日常的教学活动中，以体艺课堂改革为突破口，开设了"幸福教育"级本课程。

福利一小各个年级最突出的特色级本课程是，一年级的"中华武术"、二年级的"非洲鼓"、三年级的"尤克里里"、四年级的"葫芦丝"、五年级的"陶笛"、六年级的"口琴""管弦乐"。

级本课程以"百人团队"形式浩浩荡荡、气势磅礴地展现在福利一小师生及家长的面前。"不积跬步，无以至千里；不积小流，无以成江海。"福利一小在课程建设上，靠的不是一日之功，而是长久地坚持。

在课程实施过程中，学校不断丰富、完善课程资源，形成了"福韵大课间""足球福韵""美术教育欣赏"等多个品牌特色课程。每一次的级本课程展示对学生来说都是非常有意义的学习体验，有助于拓展学生的学习空间，激发学生的学习兴趣。学生在开放的、多元的课程文化中获得更加全面的发展。

五、班本课程（自主性课程）个性化

福利一小班本课程建设遵循让学生从差异中发展，并从差异中各有收获的理念，致力于探索适合学生的教育，让每一个学生都有个性、有特长、有能力，能够健康快乐地成长。福利一小以加强人文教育、提高人文素养、实施人文关怀、熔铸人文精神为班本课程的内涵，通过课程实施开阔了学生的视野，增长了学生的知识，促进了学生的全面发展。我校一（1）班的班本课纸盘画，一（5）班的班本课刮画，二（1）班的班本课纽扣画，二（3）班的班本课面具DIY，二（6）班的班本课石头画，三（2）班的班本课葫芦丝，三（4）班的班本课油画棒，四（1）班的班本课口风琴，四（2）班的班本课折纸，四（5）班的班本课贴画，五（1）班的班本课海底世界和条编娃娃，五（3）班的班本课蝴蝶画，五（4）班的班本课条编娃娃，六（1）班的班本课剪纸，六（4）班的班本课口琴。

在课堂教学中，教师要充分尊重每一个学生，关注学生课堂活动的参与度和参与效果，对学生多一分理解、多一分等待，以此来激发他们的内在潜能，促进他们的个性得到发展。

学校是育人的场所，课程是育人的平台，课程设计要适合孩子当下的生活，放眼孩子的终身学习。如何走进孩子的心灵世界，帮助孩子养成积极健康的生活方式，张扬每一个孩子的个性风采，福利一小找到了自己的途径开发班本课程。

教育即生活，学校课程应与学生的生活实际紧密结合，让所学的知识作用于学生当下的生活，促进学生良好习惯的养成，这样的教育方法最适宜。

六、教师、家长课程板块化

（一）教师课程

学校以四大工程即阳光愉心工程、青蓝携手工程、学研健脑工程、智慧成长工程为载体，促使福利一小的教师福慧双修，不断走上专业发展和幸福成长之路。

1. 阳光愉心工程

教师小合唱、趣味活动、礼仪培训、心理健康培训等专题活动，让教师们尽情放飞那颗纯真的心。

2. 青蓝携手工程

青年教师的快速成长离不开骨干教师的指导，新教师亮相课、教研组公开课、各类赛课活动中，指导教师要充分发挥传、帮、带的作用，使青年教师在磨课、研课中快速成长。

3. 学研健脑工程

"五个一"读书活动、草根讲堂、课题研究让教师们充分与"思想家"对话，不断向研究型专家前行。

4. 智慧成长工程

有目标才有动力，为进一步加快教师专业成长的步伐，学校制定了"五段式"教师成长体系：乐师教师（3～5年评新秀）、修达教师（5～10年评骨干）、双贤教师（10～15年评名师）、智慧教师（15～20年评特级）及福育教师（20～30年成专家）。有了这样的目标，相信我们的教师能在专业成长的路上走得更远。

"教人求真"，即教学生做追求真理的人，做有思想、有道德、有知识、有本领的人，真人依赖于真教师的培养。学校近年以"青蓝、新秀、骨干、名师"四大教师培养工程为抓手，分别开设了"教师培训""草根讲堂"及"班主任工作坊"等教师课程，旨在通过"三磨""三草根""五个一"等主题系列活动，引领教师以"五段式"成长体系为目标，逐级成为乐师教师、修达教师、双贤教师、智慧教师及福育教师。

（二）家长课程

随着学校各项课程的不断完善，家长课程也在向着"先进性、前瞻性、实用性、开放性和校本化"的方向不断迈进。学校围绕"智慧相随，幸福成长"的家长核心文化，将家长课程分为家长责任体系课程、亲子陪伴体系课程与家长成长体系课程三个方面。

家长责任体系课程以家长委员会和家长志愿者团队为平台落实。家长们通过家长委员会参与学校的管理。班级、年级、校级家长委员会已经成为学校"一主多翼"管理体系中的重要部分，担负着至关重要的民主决策、民主监督、民主管理的责任。鉴于我校家长整体文化程度较高、家长职业种类丰富等特点，学校组建"橙、红、绿、蓝"四个家长志愿者团队，分别从安全管理、班级协助、实践活动和学生课程四个方面参与学校的教育教学活动，并在家长中借智借力，盘活家长中的优质资源，让有能力、有时间的家长用志愿服务的方式全方位参与学校的教育教学。

亲子陪伴体系课程通过家长讲堂和班级亲子实践活动两个平台落实。目前，在绿队家长志愿者和家长委员会的共同协作下，各个班级开展不同主题的户外亲子实践活动课程近50场，为学生的实践探究开辟了新的天地；蓝队家长志愿者负责的家长讲堂课程也开展得如火如荼，从不同的视角给学生带来更多的精彩课堂，也教给了学生更多的生活技能。通过以上两个平台，为家长陪伴孩子成长创设良好的教育环境，让孩子在集体生活中感受到来自家长的爱，也让家长参与了孩子成长的过程，使家校共育更和谐，也为孩子的全面发展提供了更广阔的平台。

家长成长体系课程是学校家长课程的核心，学校通过家长培训和家长教子经验交流两个平台落实。给予家长专业的课程，科学的指导，促进家长自身教育能力的提高。学校积极联合西固区母亲教育中心、静尘教育机构、艺博家庭教育机构等专业家庭教育指导团队，为全校家长量身定制"一年级新生家长培训""如何培养孩子良好的习惯""如何培养孩子的情商""如何正确批评和鼓励孩子""做智慧父母""如何帮孩子做好小升初准备"等家长课程，除了一年级和六年级家长有定项培训课程外，其他年级的家长可以根据自己的需要自选课程学习，每年全覆盖培训一次，让家长们尽量做到按需选择，自主学习科学的家庭教育理念和方法，这些课程有效转变了家长的家庭教育行为，使家庭教育取得了突破性发展。每学期一次的"家长会——家长经验交流"为家长们互相学习、交流搭建平台，用身边的榜样激发家长成长的欲望，引领家长先成长自己，再教育孩子，促进家校共育良性发展。

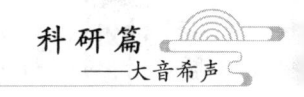

六十载风雨兼程，六十载春华秋实。学校全面、立体、可持续发展"幸福教育"课程体系，在家长与教师双手托起的希望下，他们一路凯歌、砥砺奋进，用爱托举着人生。

第三阶段：后期问卷调查及分析

随着课程改革的深入，我们更应该紧跟课改的步伐不断探索、不断进步。

一、针对不同年级学生的问卷调查

随着前期工作告一段落，为进一步了解学生对课程改革的认识，学校针对"福韵课程"体系又对学生进行了一次满意度调查。本次满意度调查问卷发放给一至六年级的学生，共240份，随后全部收回。满意度问卷调查来自各个年级的学生，并且能够涵盖一至六年级，涵盖的人数广，范围比较大。对开展的"福韵课程"的认识上，82.2%的学生表示对课程授课教师、课程内容、时间安排、活动形式等比较清楚和满意，占测评总体学生的3/4。因此，多数学生是了解"福韵课程"的实际内涵的，而12.8%的学生对课程体系只是知道一点，对课程内涵及组织落实的细节不是非常了解，但是所占比例不是很大，值得我们继续改进。另外，还有5.0%的学生对"福韵课程"体系不太清楚，满意度不高，这类学生基本是对课程及自我发展没有清晰的目标和定位，需要学校和教师去关注与引导。总体来讲，对于"福韵课程"，支持的学生大于不支持的学生。由此看出，"福韵课程"体系的建构和开发，能够促使学生表现出较强的自主意识和创新能力，善于与他人合作，取长补短，达到全面和个性发展的统筹，也由此证明，基于"福"文化特色的"福韵课程"体系是可行的。

二、针对不同学科教师的问卷调查

为更好地使教师在课程设置及教学形式和方法上进行自主、探究、合作的教学，提升课程教学、开发的能力，增强创新意识和实践能力，充分发挥教师的引导意识和创造性，我们在实验的前期就已经对教师已有的课程教学方法和教学能力进行了一次问卷调查，以便今后有的放矢地进行实验。现在课题研究已经将近三年，大部分教师对"福韵课程"体系有了比较完全和深刻的认识与实践。针对这种情况，此次实验后期调查的目的是了解教师在独立进行课程教学及课程开发的时候，遇到困难如何应对，教师的教学方式、教学方法及教学能力处于何种程度。

在问卷的设计上，我们采用了开放题目，设计了培养目标、课程设计、课程安排、教学能力及课程评价等几个方面的测试题，让教师在认为符合自己情况的题后进行适当选择。本调查共发放问卷50份，回收50份，有效问卷50份。从问卷调查的结果来看，总体上教师对"福韵课程"及其开发途径已经了解得相当清楚，88.8%的老师是支持开展"福韵课程"的，11.2%的教师表示没有必要开发课程体系和不清楚。因此，在"福韵课程"的开发上，大部分教师都表示赞同。同时，大部分教师赞成课程资源开发能够提升学生的综合素质和技能实践，约占75.5%，他们认为课程迎合了学生的喜好，为文化课的学习起到了辅助带动作用；而只有5.5%的教师认为时间和内容安排上不够完善，不切合实际，降低了学生的成绩；剩下9%的教师认为课程的开设对学生、学校及自我发展没有大的影响。通过调查发现，有能力承担和认为开发课程重要的教师分别占77.7%和69.9%。

通过以上学生和教师的问卷调查可以看出，在面对"福韵课程"开发和实施上，大多数师生都持肯定态度，对于课程资源开发所呈现的趋势是积极的，需要好好利用这种趋势和支持，提供足够的资金支持，需要学生正确认识、高度参与，从而形成以学生为主体、教师为主导的共同发展。

三、收获与感悟

对"福韵课程"体系进行的大胆开发、拓展，使学生的学科知识在活动中得到了充分的整合和运用，学生的综合素质有了较大幅度的提高。

（一）拓宽了综合实践活动类课程领域

通过研究，我校从不同的侧面挖掘活动资源，拓宽课程开展的空间。如以学生生活为资源，以周围的环境为资源，以学校的特色为资源，以校园活动为资源，以学科整合为资源。

（二）引发了教学方式和学习方式的变革

多元化、层次化、个性化的"四横六纵"式的"福韵课程"与其他学科的活动形式有着明显的不同，它更强调学生的主体意识，通过合作、调查、体验、探究来获取知识，提升能力。教师在各种活动的课题研究中增强了课程意识，转变了多年来固守的课程观念和教育教学方式、方法，教师的专业化素养得到了发展，教学理念从过去关注教材、靠教材到实验后期关注学生的长远发展、需求，站在课程的高度，主动开发课程资源，开发教材；教学模式从单一教学模式向个性化、多样化转变；课型从轻过程重结果型向过程与结果兼顾型转变；活动课题由大课题向小课题、由空到实转变；主题活动由精英引导向全员参与转变；活动评价由单一评价向多元评价转变。

1. 学生个性得到持续发展

"福韵课程"开发及实施近三年来，在智能选修课上每位学生都根据自己的兴趣选择了一个项目进行学习，用自己的特长、喜欢的方式展示学习成果，学生的特长得到发展，创新意识、运用知识解决问题的能力、动手操作的能力得到加强。特别是在以"福韵课程"为主题的校园文化墙建设中，学生们用书法、摄影、绘画、报道等形式向全校师生和家长展现了自己的学习生活与成果，扩大了课程的社会效应，形成了一种流动的、具有学校特色的校园文化。同时在"福韵课程"的学习中，学生们还利用网络、报纸、图书等工具查找相关的主题资料，组建摄影社、美术社等学生社团，开展探索性学习。活动的开展增强了课程对学校及学生的适应性，使校本课程实施途径与方法得到有效拓展。据统计，从2018年到2021年，学生参加各级各类特长比赛获奖746余人次。

2. 教师专业发展得到有效促进

教师通过参与课程的开发与实施，课程观念发生根本性转变，对课程的本质、课程的价值、课程的要素与结构、课程中人的地位等基本问题有了全新的认识。教师的科研意识、科研理论水平、科研方法等得到普遍提高。近三年，学校教师参加各级教育论文共获奖346余人次，其中国家及省部级获奖75人次。

3. 科研管理得到全面完善

学校教育科研的发展离不开完善的科研管理制度，在"福韵课程"开发与实施研究的工作中，我们深有感触。2018年9月，在参考西固区有关名校及相关资料的基础上，我们结合学校原有的科研制度制定出了学校全新的科研制度集，学校科研制度集包括科研室职能、科研工作管理条例、科研室工作要求、教育科研工作管理实施细则、学校科研课题管理细则、课题组管理、教科研奖惩办法、教育科研月考核标准（讨论稿）八大块，制度集的制定与颁布对今后学校科研的发展及规范学校科研工作有着积极重大的意义。配合学校绩效工资考核办法，教科室在2018年11月底制定出了福利一小教职工评比奖、辅导奖、发展奖的奖励办法（细则）。

（三）学校特色得到显著彰显

"福韵课程"的开发与实施近三年，随着研究工作的不断深入，校长、管理干部及教师逐渐意识到以"福"文化为核心的"福韵课程"体系，就是学校特色发展的方向。2018年，学校明确提出打造以"福"文化为核心的特色教育，这一学校特色开始形成，并初步得到有关领导与专家的认可和赞誉。

1. 各级各类奖项，成绩斐然

近四年，全体教师以"福韵课程"体系与学校"四环三点三评"为基点展开教学并以赛参训，学校学科教学优课率达到85%，有45名教师的课分别被评为省、市、区级优课；同时，学校教师申报课程科研课题逐年增加，仅2021年就达到27项，基本上形成了人人有课题、人人做研究的发展态势。这是对我校大胆探索、积极实践"福韵课程"体系的检验，使我校全体教师又一次充分感受到"福韵课程"带来的巨大变化，并形成浓浓的教研氛围。

2. 分享"福韵课程"，收获幸福教育

为深入推进西固区中小学课程建设，发挥名校引领带动作用，推动全区课程开发与实施，西固区教育局召开了中小学课程观摩会。2018年4月，区教育局分管领导，各中小学校长、副校长及教导主任共计100多人参加了我校的"福韵课程"观摩活动。本次活动得到与会嘉宾的一致好评，指出福利一小高度重视课程建设与开发，找准了自己的定位，利用优势资源开发课程，将零散课程体系化，呈现出百花齐放的景象，为打造文化积淀、内涵发展的西固教育发光发热。

（四）教学成绩的突破

我校作为西固区的窗口学校，自开发及实施"福韵课程"体系以来，教育教学质量逐年提高。从2018年的课题起始时间算起，我校已经连续四年荣获兰州市教学质量优秀奖，在近三年的全区学科抽测中均名列前茅。

《以"雅文化"的实践提升学校办学内涵》的研究结题报告

一、本课题的选题意义

（一）社会意义

中华民族的"雅文化"已有几千年的历史，它在提高人的操守、待人接物的礼仪、规范人的行为习惯等方面仍具有良好的借鉴价值。而当今社会所出现的诸多不良风气，都是人的基本操守、待人接物的基本礼仪和行为习惯方式方面的问题所致，甚至影响到少年儿童，这是基本道德规范的缺失。为什么我们这个千年传承的礼仪之邦会出现今天这样道德虚无的现象呢？

我们认为，主要是传统道德与现代文明的有机结合出了问题。传统道德传承无力，就等于失去了根基，现代文明建设不力，就等于有本无末，有源无流。鉴于此，我们下定决心，制定目标，于两年前，在全校启动"雅善教育"实践研究，让我们大感欣慰的是，我们的工作与《中共中央 国务院关于进一步加强和改进未成年人思想道德建设的若干意见》（以下简称《意见》）不谋而合，《意见》提出的"从规范行为习惯做起，培养良好道德品质和文明行为"就是我们"雅文化"的核心内容。我们所做的工作就是在"加强和改进未成年人思想道德建设"。

我们倡导的"雅文化"合于美，行为效果指向善。我们认为通过"雅文化"的实践、浸润，能够使学校处处是雅，在"雅文化"的熏陶下，学生从小就能做到行起于雅，止于雅，将会为其终身发展打下良好的道德基础。

（二）学校的校情

由于我校所处的地理位置和历史传统原因，生源多为外来打工人员子女，流动性较大，学生行为习惯存在一系列问题。

（1）许多到我校就读的外来务工人员的子女，行为习惯与《小学生日常行为规范》有很大的差距，独生子女较少，父母忙于生计，无暇照顾孩子的学习，许多家庭放松了对子女的行为习惯教育，孩子自觉性、独立性、自制力差。

（2）外地流动人口子女同本地学生行为习惯差距较大，存在文化差异，行为习惯较差。

（3）外来务工人员对孩子的思想教育方法单一，评价滞后，在家庭教育中对孩子缺乏科学性和人文性，使孩子和父母无法交流。

（4）家庭教育与学校教育脱离，有些孩子正是由于没有得到良好的家庭教育，变得懒惰、不喜欢上学、撒谎、好斗。

在这里我们想做的是，在校园里形成一种具有浓厚人文特色的教育理念——雅行教育，探索如何通过雅行教育在有组织、有计划的教育活动过程中进行无声的文化积淀，培养学生热爱生活，热爱学习，努力保持行为高雅，保持身心健康，具有良好的科学文化基础和人文情怀，和谐融于社会生活，正确生活并做幸福生活的人。

（三）我校历史追溯

兰州市西固区福利路第一小学创建于清宣统元年（1909），是在西古城小学堂的基础上演变而来的。它六易其名（私塾、义学、中心国民小学、初级小学、完全小学和西固城福利路第一小学），经历了漫长岁月的风霜，它已进入了颐寿之年。一百年来，西固城福利路第一小学历经了岁月的磨炼与洗礼，兴教救国的理想薪火传承，自强不息的精神未曾间断，经过数代人的艰苦创业、严谨治校，学校逐步发展壮大，历史的悠久与"雅文化"的传承相得益彰，这也是我校"雅文化"提出的重要原因之一。

二、课题的研究价值

（一）学校的生源特点——需要"雅文化"

学校的学生以进城务工人员的子女为主，属于典型的城乡接合部学校。加快城市化进程是社会发展的趋势，作为城乡接合部学校的教师更是担负着学生文明礼仪教育的重要使命。农村孩子需要现代文明礼仪，而城市孩子也需要从农村孩子身上学到吃苦耐劳的精神。而"雅文化"实践的德育途径——雅行教育，可以有效解决以上问题，使学生成为秀外慧中的东方雅士。

（二）学校的长远发展——呼唤"雅文化"

福利一小是一所百年老校，百年历史沉淀了学校独特的文化底蕴。在新的时期如何引领学校发展，我们积极借鉴各地学校文化建设的有关经验，大胆创新，不断完善，并试图以"雅文化"的实践提升学校的办学内涵。我们对前期"雅文化"的初步建设，在家长和老师中进行了广泛的调查。统计中，98%的老师、家长都关心学校发展，关注学校"雅文化"的建设，乐于参与，满怀信心。

三、课题的概念界定

（一）雅

何为雅？有两种解释：①指正确；合乎规范。②指高尚；美好。雅者，正也，激发潜能、完善道德、提升修养、展示品位之途径。从上述对雅的解释看，我校在办学中追求的最高价值标准就是寻找并树立学校、师生及家长的一种内外兼修的气质，并使这种内在精神修养不断提升、外显，形成学校特有的文雅风范，影响教师、学生、家长都能成为具有高尚人格的人，让每位师生都成为秀外慧中的东方雅士。

（二）"雅文化"

"雅文化"是指独具福利一小特色的、以雅为核心的文化体系，是学校全体师生共同追求的雅行，是统一精神环境、和雅共生的文化氛围。

（三）提升学校办学内涵

提升学校办学内涵，即通过践行"雅文化"，深入研究"雅文化"与教育

教学、学校管理、课程文化、师生文化、环境建设等方面的深层次关系，在实践和研究中不断完善与丰富"雅文化"的内涵。

（四）以"雅文化"的实践提升学校办学内涵的研究

以"雅文化"的实践提升学校办学内涵的研究，即通过建设独具福利一小特色的雅行精神环境和"雅文化"氛围为目标，通过完善"雅文化"的精神力、执行力、形象力，促进"雅文化"品牌的形成，推动学校健康、可持续发展。

四、本课题的研究目标与内容

（一）本课题的研究目标

福利一小通过实践完善"雅文化"的精神力、执行力、形象力三大系统，在"雅文化"实践中，提升学校的软实力，促进学校的内涵发展。

（二）本课题的研究内容

（1）通过办学愿景、办学理念的梳理，校风、教风、学风的塑造，管理理念、学校誓词、教师誓词及学生誓词的完善，使"雅文化"的精神力系统不断完善。

（2）通过实践完善"雅文化"的执行力系统。

（3）通过研究逐步形成"雅文化"的形象力系统。

五、本课题的研究假设与创新点

（一）本课题的研究假设

（1）形成"雅文化"精神力、执行力、形象力体系，并以此引领学校的内涵发展。

（2）通过雅趣校本课程开发、雅行教育落实，促进学生全面发展。

（二）本课题的创新点

（1）通过"雅文化"的精神力、执行力、形象力的构建促进学校的内涵发展。

（2）将"雅文化"的践行融入学校管理的方方面面，真正使"雅文化"成为学校的发展之魂。

六、本课题的研究方法

本课题的研究采用文献法、实验法、比较法。

七、本课题的研究过程

（一）强化组织，规划建设，保障专项经费投入

1. 加强组织领导

在学校的统一领导下以校长为组长，副校长为副组长，教科室、教导处、总务处、政教处、少先队大队部等部门负责人以及各班班主任为组员，开展学校文化建设工作。正是因为学校党政领导的高度重视、齐抓共管，使全校师生达成"只有以深厚的人文底蕴为依托，建设具有丰富内涵，适应时代发展、符合学校实际的校园文化，才能办好学校"的共识，在校园中形成人人讨论学校文化建设、人人参与学校文化建设的氛围。

2. 制订实施方案

学校领导班子坚持把学校文化建设作为一项重要的常规性工作来抓，将其列入了学校的长远规划和每学期的工作计划，做到长抓不懈，并制订了切实可行的文化建设方案和年度实施计划。

3. 确保经费投入

由于文化建设的经费足额到位，学校先后完成了展雅台、文化长廊、楼宇文化、教室文化、文化石等的设计修建，完成了文化手册、四期校报、校刊、学校宣传册等的设计制作，累计投入几十万元，从根本上改善了校园环境和办学条件。为了达到最好的环境育人效果，使校园突出"绿"字，强化"雅"字，讲究"美"字，保持"静"字，学校合理规划校园布局，加强校园环境建设，精心打造绿色校园。

（二）完善学校文化建设的精神力系统——立雅励行，学校发展的精神航标

近年来，学校以"让每位师生都成为秀外慧中的东方雅士"的教育愿景完善了学校文化建设的精神力系统，我们谨遵"博雅笃行"的校训，积极践行"立雅励行奠基人生"的办学理念，营造"雅行统一、和谐共进"的校风，着

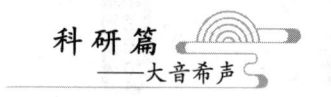

力塑造"教者儒雅、以研为乐"的教风，精心培养"学者博雅、以思为悦"的学风，培育六雅阳光儿童（举止优雅、谈吐文雅、情趣高雅、气质贤雅、品德敦雅、学识慧雅），形成了以下精神力系统的要素。

（1）管理理念：强化责任，敬畏规则，开拓创新，务本求实。

（2）学校宣言：立雅之本，在于笃行；立师之本，在于乐研；立生之本，在于善思。

（3）发展愿景：树勤正活美之风，育博雅至善之人，成口碑载道之名。

（4）领导作风：文雅、谦逊、博爱、公平。

（5）教师形象：儒雅爱生、严谨博学。

（6）学生形象：博雅、善思、聪颖、自信。

（7）品牌要义：典雅的校园、雅致的管理、儒雅的教师、博雅的学生、优雅的家长、雅趣的课程、各雅其雅的班级文化。

（8）学生誓词：我是福利一小的学生，我为在这里学习而自豪。在此，我庄严宣誓：我将信守"博雅笃行"之校训。言行至美，争做雅行少年；坚韧自信，努力完善人格；学思蕴乐，知识装点童年；健体强身，怡雅和谐身心。努力做一名聪颖、自信的东方小雅士！

（9）教师誓词：我是福利一小的教师，我在国旗下庄严宣誓：教师是我骄傲的选择，教育是我光荣的事业，育人是我神圣的职责！我一定做到，依法执教，严谨治学；师德为上，儒雅爱生；笃学育人，责任以行；博学众长，以雅立教。努力用大雅的人格陶冶学生，用卓雅的教艺启迪学生，用博雅的才识丰富学生。我将履行承诺、矢志不渝，做学生的良师益友，铸教师的崇高品德。

以"雅文化"精神为核心，我们将学校践行"雅文化"的十二个方面编辑汇总，形成了十四本"雅文化"丛书——《走在雅行的路上》《和谐雅致的制度文化》《儒雅乐研的教师文化——论文篇》《儒雅乐研的教师文化——案例集》《儒雅乐研的教师文化——反思集》《儒雅乐研的教师文化——教育叙事集》《高效达雅的课堂文化》《情趣高雅的课程文化》《博雅善思的学生文化》《雅行统一的活动文化》《优雅好学的家长文化》《怡雅畅心的健康文化》《和雅共生的安全文化》《各雅其雅的班级文化》。在全体师生的不懈努力下，"雅文化"品牌逐步被更为广泛的社会人群所公认，成为西固教育走向全省的一张亮丽名片。我校定期组织召开了"学校文化建设思辨会"，共有学生、教师、家长三个层面的代表进行了激烈的辩论交流。他们从不同角度、不同侧面就学校文化建设的必要性及如何践行学校文化建设等方面进行了讨论，并对福利一小在文化建设方面取得的成绩进行分享、思考，还提出了许多建设性的意见和建议。雅行讲坛是专家、学校领导、教师、学生对"雅文化"不同的理解、诠释的多方位交流，真正做到了师生熟知文化理念。

学校班子团结协作，作风民主，力求在建章立制、民主管理上创新。落实人文管理，善待教师有举措。善待教师，实事实抓，注重倾听教师的意见，想方设法为教师排忧解难，解决教师的后顾之忧，细化人文关怀，架设沟通桥梁；资金保障，工会出面，开展健身、聚餐、娱乐等活动；投入近万元完善教职工活动室设施，开办教职工灶，解决近30名教师的午饭问题。完善民主管理，落实校务公开。通过每周一次班子成员例会，讨论决策学校的重大事项。教代会根据校情，完善了学校各项规章制度，讨论通过了各项考核办法及制度，切实进行校务公开，充分发挥全体教职工的作用，民主管理学校，达到自己参与制定、自觉遵守的目的，有力地推动了学校工作的开展。成立了新一届家长委员会，家长委员会按计划有效工作，组织了爱心捐助活动，参与了家长培训和读书节活动，以及优秀家长经验交流活动。

作为一所百年老校，我们重视校史教育，借助2009年的百年校庆，学校充分挖掘学校历史，完成《古城颐校》两本文集，建成了校史长廊，并以"承雅廊"命名，以此为我们打开记忆重温历史。这里有曾为我校发展付出心血的历届校长名录，也有1957年毕业于我校的全国著名国画画家、美术教育家范有信先生的作品。还有学校历史沿革图，透过这几幅百年画卷，可以看到福利一小在历史长河中的轨迹，自私塾以来，数易其址，几易校名，叠经巨变，历经沧桑，但始终未曾向命运屈服，以超乎想象的坚韧与毅力，恪守兴学育人之信念，为国家富强、民族昌盛和社会进步做出了重要贡献。可以说，福利一小百年校史就是一部自强不息、奋发向上的办学史，一部孕育、培植、熔铸和弘扬福利一小精神的发展史。更有各级党政领导为学校百年校庆亲笔所书的文字，

充分肯定我校办学百年来取得的成就，充分体现了党和政府对全校师生的亲切关怀与巨大鼓励，使全校师生倍感温暖，它将激励与推动福利一小创造新的奇迹，拥抱更加灿烂的明天。

充分挖掘百年古槐树文化，并将此树定为我校校树。相传这株大槐树为康乾盛世时所植，至今已三百余年，根深叶茂，郁郁葱葱，虽几经战乱，且遭雷击并起大火，但依然生生不息。当地老百姓称："此乃神树也。"不时有人来此祈福。学校每年给大槐树喷洒虫药防病，每逢赤日炎炎，树荫之下，稚子童蒙嬉戏玩耍，笑声连连，书声琅琅。该树于2008年经普查、核查被市政府列入保护古树名木之中，编号019。

在中国，国槐是吉祥、科第的象征，人们崇槐、尚槐；在我校，古槐是"活的文物"，见证着我校的历史。因此，学校将这棵槐树定为校树，希望学校如这百年古槐一般，具有旺盛的生命力，枝繁叶茂，硕果累累。

重视对校内文物的保护及挖掘，校内文物报德碑，据文史资料记载：西固城原名西古城，同治三年（1864），绅耆廖登选倡修西古城，同治五年（1866）战乱，各村逃难者入城，因城墙坚固，未被攻破，逃难者俱获保全，为此，当时的政府要员和百姓在城隍庙建报德楼，并立碑一块（建校时报德楼被拆除，埋入地下多年，于2005年挖出）。西固城也由此得名。此碑正面刻有"永垂不朽"，背面刻有"流芳百世"，使后人铭记他们的功绩，碑文刻有"钦明督办甘肃军务署理陕甘总督部堂……""将军穆公"的字样，穆公即陕甘总督穆国善，普通百姓有廖登选、王逢富、孙世贵等。他们都是有识之士、有功之绅也。据《西固区志》记载，同治六年（1867）西古城有一城区图，上面所有的建筑物几乎荡然无存，至今唯一得以保存下来的就是这块报德碑了，其余皆毁坏或拆除。据我校了解，现兰州市博物馆也有两块报德碑，然字迹和外观均不如福利一小这块好，两块性质一样，都是赞颂捐献银两的有识之士、有功之绅。设想，如有一天，西固区（县）也建一个博物馆，那么这块碑是最有资格放在院内（馆内）的。这块碑上刻有西固众多先贤，实乃西固人民的历史文化遗产，是西固人民的共同文化财富。"有识之士、有功之绅"的雅德也是福利一小师生的致雅榜样。

学校有专门的师生风采展示橱窗，定期更换。

福利一小是传统的，也是现代的；是高贵的，也是平凡的；是大气凝重的，也是激情四射的。当你徜徉在福利一小的校园里，立刻就会感受到弥漫于空气中的"雅文化"气息，无论你是什么心情，都不会拒绝这种典雅。置身于这种氛围中，老师不可能不静下心来，浸心于学问，净化心灵。这就是"雅文化"的力量。

（三）塑造学校文化建设的形象力系统——优雅形象，学校文化发展的新载体

1. 校徽、校花、校树

（1）校徽

学校的校徽设计活动经过理念学习—宣传动员—设计形象—三次筛选—专家评定—学校试用—确定运行等阶段，已完成最终设计。校徽整体图案为完美和谐的圆形，象征教师的精诚协作和学生的全面发展。内圈主体部分以优雅、朴素、庄重而不失雅致的咖啡色为主色调，象征着学校博雅的文化历久弥新。中心为学校基本理念"雅"字的变形，左右两部分分别变形为一小一大两个"人"，分别代表学生和老师，二者合而为"雅"，象征着我们的教师必将以雅育雅，将学生培养成言行至美、秀外慧中、坚韧自信的"东方小雅士"。内圈下方为"梦"的首字母"M"的变形，寓意"雅"是我校师生共同的梦想。"M"下方为我校的建校日期"1909"，述说着我校悠久的历史。外圈为简洁、明朗的白色，上书校名，象征着全校师生必将执着落实"博雅笃行"之校训，将我校建设成充满真、善、美的和谐校园。

（2）校花——玉兰花

玉兰花寓意圣洁纯净、庄严清澈、凌寒馨香，象征着全体师生人格上的美好追求。玉兰花绽于春寒料峭之时，皎洁如玉，真乃"花中君子"；清香阵阵，沁人心脾，委实清新可人；迎风摇曳，神采奕奕，令人心生仰慕。这些正是我们福利一小师生竭力追求的言行至美、秀外慧中、坚韧自信的品性。

（3）校树——国槐

国槐有胸怀祖国之意，它们好像就是为校园而生的！它们有着质朴的外表，开质朴的花，结质朴的果。但是它们又是不平凡的，葳蕤葱郁，绿意盎

然，它们是极好的景观树；木质坚硬，挺拔高大，可做栋梁材。它寄予了人们无尽的美好愿望和人文情怀。这多像我们的师生，我们的教育，普通平凡而又崇高伟大。校园内那一棵三百多年古老的国槐，历经沧桑，枝干遒劲，蔚为壮观，阅尽人间春色，见证了福利一小雅行教育的发展与变迁。那新长成的国槐，也已叶茂根深，充满了勃勃生机，预示着我校学生必将成长为一个个"东方小雅士"。

2. 实物形象

（1）文化形象

学校已设计制作出拥有自己特色的文化形象物品，如请柬、纸杯、手提袋、桌签、材料盒签等物品，以此来丰富学校文化形象的内涵。

（2）媒介形象

校报，学校创办的《颐校风铃》分为校园大观台、雅行校园、教海扬帆、菁菁艺苑四个板块，作为学校宣传和传播文化的主阵地。

校刊，学校创办的《颐校风帆》分为学校管理、杏坛拾零、和谐家校、童心飞扬四个板块，记录学校管理层、教师、学生、家长践行"雅文化"的足迹。

简报，学校作为创先争优先进集体，通过支部党创建简报，有效提升学校各方面的工作。

校门口电子屏，通过电子屏滚动显示学校"雅文化"理念，同时也显示学校近期获奖、工作动态等，是学校向社会宣传学校践行"雅文化"的窗口。

3. 营造雅致温馨的环境文化

学校注重校园环境的绿化、美化、细化、趣化、教育化，努力打造雅致温馨的环境文化，注重物质文化与精神文化、科学性与人文性相融，使校园成为一本活的教科书。文化石的布设使校园处处显雅。"博雅笃行"的校训石尽显学校"雅文化"底蕴。"尚雅""雅园""寻雅"几处石雕使校园"雅文化"处处浸润着走进校园的每一个人。犹如白玉兰盛开的"展雅台"是学生绽放才艺的聚焦点。穿行每一层楼梯走廊，"映雅鉴""聚雅廊""释雅堂""丹青雅苑""立雅轩""和雅共生的安全教育廊""怡雅畅心的健康教育墙"，"雅文化"润泽着每位师生的心灵。走进每间教室，各雅其雅的班级文化让每个集体特色尽显。踏进每一间办公室，整洁、雅致，又不失个性；学校的每一条走廊、每一面墙壁，包括伟人雕塑、名人画像、主题标语、特色专栏、文化长廊等，都成为文化景点，都体现了文化氛围。真正实现墙壁文化——教育人、长廊文化——激励人、班级文化——温馨人的育人效果。

4. 创建各雅其雅的班级文化

班级的布置是班级文化建设最基本的内容，它不仅体现了班级的精神面貌，而且直接影响了学生的心理健康，因此要利用好每一个空间，精心布置，使其既温馨舒适，又催人进取。因此，在加强特色班级文化建设中，我们以"四构建"文化建设为抓手，形成特色班级文化建设的四大亮点。

（1）营造班级文化氛围，构建班级物质文化

用苏霍姆林斯基的话讲就是，"无论是种植花草树木，还是悬挂图片标语，或是办墙报，我们都将从审美的角度深入规划，以便挖掘出潜移默化的育人功能"。打造班级物质文化，我们可以从以下几个方面着手，一是美化班级环境。二是从环境布置中彰显班级特色。三是办好黑板报，对黑板报的版面进行精心设计，让学生自主设计版头、版面、插图，黑板报的内容要围绕班级特色文化建设，体现学生的个性和班级的特色。四是建立班级光荣榜。

（2）建立健全规章制度，构建班级制度文化

首先从学生的需要出发，让他们认识到制定各种规范的目的不是管住他们，而是保证班级所有成员的利益——秩序、公平、好习惯、高效率。其次是体现民主。

（3）打造班级精神，构建班级精神文化

班训是为激励全班学生勤奋学习、刻苦自励，形成积极健康的班风而以简短的词句拟就的标语，它的特点是主题鲜明突出、简洁明快、富有教导和劝诫意义。好的班训是内容和形式的完美结合，例如，"读书乐，乐读书"这一班训，匠心独具，富有创意，给人以美感。口号是一个班级工作的基点，是班级目标的浓缩，是激发班级同学积极向上的精神力量。

（4）开展丰富的班队活动，构建班级活动文化

作为班主任，要有目的、有计划、创造性地开展突出班级特色建设的集体

性活动，为学生搭建各式舞台，创设张扬个性的天地，让学生置身于适合自身发展的氛围之中，尽显风采，通过活动加强班级特色文化建设。

（四）实践学校文化建设的执行力系统——学校文化发展的保障

1. 创新完善各种管理制度，立办学之"雅"

俗话说："没有规矩，不成方圆。"要管理好一所学校，也必须要有规矩。我校核心理念"雅"的其中一个重要解释就是正确，合乎规范，如文章尔雅（《史记·三王世家》）；君子安雅（正而有美德者谓之雅）。在某种意义上，可以说制度就是规矩、规范。我校建校一百多年，在管理制度方面，学校进行了一次次收集、整理、汇总，这对规范办学、严格常规管理、提高办学效益起到了一定的促进作用。随着学校雅文化理念的落实，成就儒雅教师、培育博雅学生需求和教育客观环境的变化，有的内容已经过时，有的内容需要完善，有的内容亟待增补，管理呼唤更合理、更完善、更人性的管理制度。以人为本的制度是"雅文化"建设的保障。

我们根据学校雅文化建设的实际需求，结合学校当前的管理体系、人员素质、文化习惯，通过调查研究，在充分考虑和吸收各方面的建议与意见的基础上，立足学校管理规律，对学校原有的制度体系进行了综合分析，经过全方位的论证、优化和完善，基于科学性、人文性、系统性、合法性、平等性、可操作性的基本编制原则，立足原有制度，着眼学校发展，以期能为提高学校精细化、规范化、雅致化管理水平提供强有力的制度保障，形成了《和谐雅致的制度文化》。我们相信它会对学校管理和教育发展起到积极的推动作用。制度不是一成不变的，而应该随着教育形势不断变化，随着学校的发展需求变化，任何制度的内容和形式都需要不断地修订、更新、废止，以保持其有效性和适用性，适应学校管理和发展的需要。因此，学校制度建设是一项长期的、艰巨的任务。今后，我们将坚持边制定、边执行、边完善、边上报备案的"四边"原则，不断思考，不断总结，不断推进学校制度建设，不断增强制度实效性，促进学校规范、特色地发展。

制定《和谐雅致的制度文化》手册是福利一小发展史上一个新的标志，是规范师生行为、提升学校管理水平的一个重要举措。它必将为学校落实雅行教育和学校的长远发展彰显特色，提供有力的支撑。

2. 构建有沸点的学校课程，立课程之"雅"

"课程文化丰富了雅文化，雅文化滋养了课程文化，让学生丰富知识，拓展技艺，修身养性，陶铸思想，提高素质。"开发学校课程，创建学校特色，是学校发展的需要。为学生提供多样性、开放性、发展性的学校课程，促进学生的个性发展与全面成长，更是符合社会发展趋势和学生发展的根本需要。根据福利一小办学的具体情况，我们选择坚持开展具有自己特色的雅趣学校课程，并努力使之成为办学亮点，以此来满足学生发展的不同需求，培养学生的个性爱好，提升师生的生命质量。

我们认为，学生间的差异是客观存在的，办学就是要以积极的态度去研究每个个体，将差异作为一种可开发利用的资源，对于学生客观存在的个体差异，应积极采取培养、发展和利用的态度，通过有差异的教育教学，让学生有差异地发展。同样，教师间的差异也是客观存在的，学校也应正确看待和开发利用，科学地引导教师充分挖掘自身潜能，真正做到人尽其才。个性化的雅趣学校课程文化的开发与实施，必将能为学生成长、教师发展提供平台，是实现学校办学理念的重要载体之一。

开发雅趣学校课程的过程中，我们始终把握三个基本环节：课程开发与课题研究相结合；课程实施与师生发展相结合；团队合作与个人努力相结合。福利一小雅趣学校课程从开发到实施，整个过程井然有序。在学校"雅文化"理念的引领下，开发的学校课程分为选修课程与必修课程两大类。

（1）选修课程——培养各雅其雅的阳光儿童

选修课程分为四大类：人文类、科技类、艺术类、体育类。目前，我校开设了经典诵读、刻纸、舞蹈、航模、课本剧、电脑绘画、中国象棋、围棋、硬笔书法、校园篮球、校园足球、乒乓球、女子垒球、羽毛球、合唱、版面设计、彩绘、少儿美术等近30门雅趣学校课程。课程结构与课程门类，如图10所示。

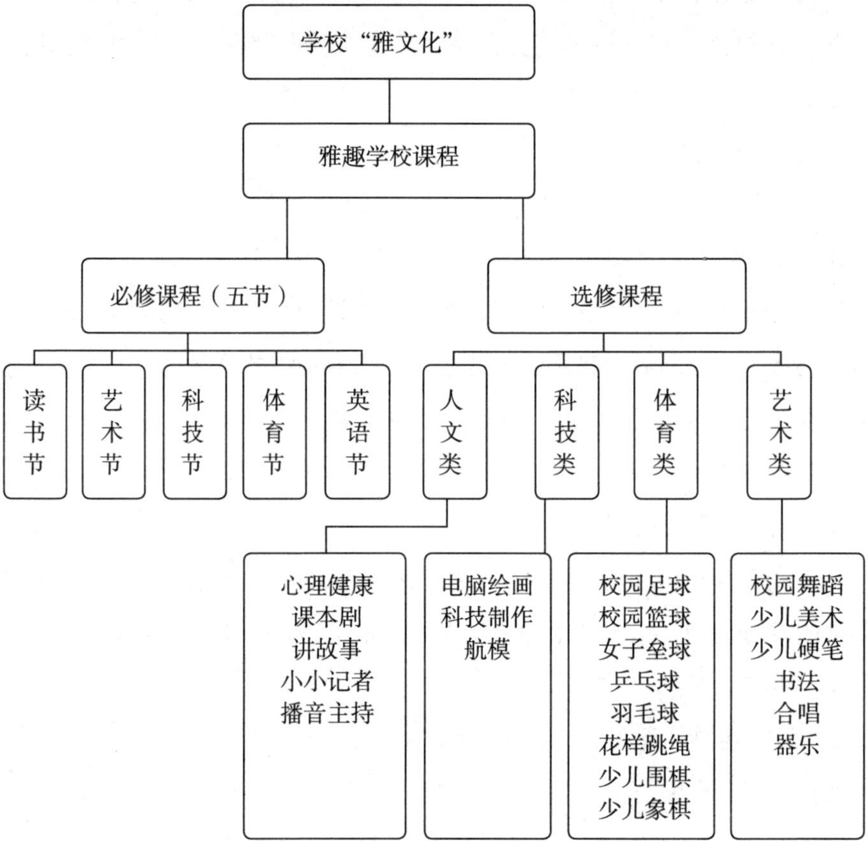

```
                        学校"雅文化"
                             │
                        雅趣学校课程
                             │
          ┌──────────────────┴──────────────────┐
     必修课程（五节）                        选修课程
  ┌───┬───┬───┬───┬───┐          ┌───┬───┬───┬───┐
  读   艺   科   体   英          人   科   体   艺
  书   术   技   育   语          文   技   育   术
  节   节   节   节   节          类   类   类   类
                                 │    │    │    │
                            心理健康  电脑绘画  校园足球  校园舞蹈
                            课本剧    科技制作  校园篮球  少儿美术
                            讲故事    航模      女子垒球  少儿硬笔
                            小小记者            乒乓球    书法
                            播音主持            羽毛球    合唱
                                               花样跳绳  器乐
                                               少儿围棋
                                               少儿象棋
```

图10

　　学生可以根据自己的兴趣爱好，自主选择自己喜欢或期望的课程，教师依据课程特点及自身资源，选择充满趣味并适合学生个性发展的内容，目的在于培养举止优雅、谈吐文雅、情趣高雅、气质贤雅、品德敦雅、学识慧雅的六雅阳光儿童。

　　我校从时代发展的需要、师生成长的需要、学校特色形成的需要，对校本课程开发进行了全面论证，将培养学生创新精神和实践能力确定为校本课程开发的基本方向。校本课程的内容以学生生活为基础，从生活出发，引导学生理解生活的意义、生活的方式，提高学生的生活经验，丰富学生的精神世界，使学生从思想到行动，都能贴近生活，适应生活，从而解决学生生活中的问题，并教育学生创造生活，享受生活。因此，我们的校本课程与学生的生活紧密结合，重视学生的生活体验和感受，突出学生的综合实践活动。校本课程在形式上体现了开放性，有学科拓展类和综合活动课程两部分，使其内容更趋科学性、完整性，以便教师更好地把握新课程改革的实质。

① 艺术类课程。

a. 舞蹈课。

课程类型：自编类型。

学校投资建设舞蹈排练厅，聘请舞蹈专业教师开设舞蹈选修课，对学生进行形体姿势、舞蹈基础、舞蹈表现等教育，培养学生的形体美、心灵美，塑造学生高雅的气质和坚定、向上、乐观的个性品质。

b. 声乐、器乐类课程。

课程类型：自编类型。

学校成立合唱团和器乐演奏队，组织有特长的学生自愿参加合唱团和器乐演奏队的教育活动，培养学生的艺术素养和审美情趣，丰富校园文化，发现艺术人才，重点培养。

c. 书法、绘画类课程。

课程类型：自编类型。

学校安排书法、绘画教师，制订培养计划和安排时间，配置书法、绘画专用设备，鼓励学生选修书法、绘画课。学校积极推荐学生及其优秀作品参加省、市、区各种规范的作品展览活动，培养学生对美术创作的兴趣，张扬学生个性，提高学生实践能力。

d. 体育类课程。

课程类型：自编类型。

在培养学生达到《体育与健康》课程标准的同时，学校也同步成立篮球、足球、乒乓球、羽毛球、软式垒球等校星队，选聘优秀教练，制订培训计划、培训目标和安排时间。安排校星队在校园周体育比赛活动中起示范带头作用，带动全校学生的体育锻炼意识，以此促进学校的健康教育，培养学生的健康意识和积极参加体育锻炼的良好习惯。

②综合活动课程。

探索与创新课程。

课程类型：改编类型。

以科学课教学为基础，以科学家或科学探索故事为主线，以区少年宫"科技之星""科学实验"与"智力七巧板"等科普竞赛活动为载体，结合学生实际情况进行科技创新教育，培养学生观察、联想、想象、发散、集中、转化、组合、推理、判断等能力，组织学生积极参加省、市、区各级教育和科协等部门举办的各种创新竞赛活动，开展丰富多彩的创新实践活动，培养学生的创新精神和实践能力。

③特殊教育课程。

课程类型：创编类型。

在社会高度文明、科技日新月异的今天，智力低下、生理畸形的残疾儿童依然存在。我校残疾儿童约占学生总数的1%。残疾儿童本身就很不幸，如果因学习差、自控能力差，影响考试成绩，捣乱、干扰同学，"有意"违反纪律，存在很大的安全隐患等因素，而遭老师、同学的嫌弃、歧视、孤立，甚至被千方百计地赶出校门，那这些孩子将更加可怜。在我们当地没有残疾儿童特殊教育学校的现实面前，我们一定要将残疾儿童教育纳入课程改革研究的内容，开发适合残疾儿童学习成长的校本课程，制定保障残疾儿童在校正常学习、生活的规章制度，教育全校师生奉献爱心，同情、关爱残疾儿童，帮助其按时入学，在学校得到老师、同学的温暖，能愉快地完成义务教育，长大成为生理残疾但心理健康，能自食其力的公民。学校开设"怡雅畅心"课程，开展"怡雅畅心园"多彩的活动，关注学生的心理健康。

心理健康教育是我校的特色课程，2001年我们把心理健康教育提上议事日程；2002年学校开始尝试心理健康教育课题研究，开展了"优点大轰炸"等有效的心理健康教育活动；2008年创建具有我校特色的"心语小屋"；2012年配合心理健康教育，开设试点省级A类标准化心理咨询室——"怡雅畅心园"的建设，并通过市级验收；2013年申报了省级标准化心理辅导室，力求提升"怡雅畅心园"的服务层次；2014年省级标准化心理辅导室通过验收。

　　我们根据学校实际，建设了"六个一"阵地，即一个信箱，学校向全体学生开设"心语信箱"；一个课题，学校省级规划课题"流动人口子女主观幸福感及应对方式之研究"；一间辅导室，学校设立个体辅导室，同时对个别学生的心理问题加以疏导；一节活动课，我校加强对心理健康教育活动课的开发与研究，使之发挥更大的作用；一所家长学校，家长学校是心理健康的重要阵地；一个专题活动，既展示学校心理健康教育的成果，又在学校营造人人都来关注学生心理的良好氛围。

　　（2）必修课程——培养博雅健康的阳光儿童

　　必修课程以学校传统的五节即读书节、艺术节、科技节、体育节、英语节为载体。

　　① 雅趣读书节。

　　福利一小校园文化的雅趣读书节已经成功举办13届，每年都有不同的主题，2011年第九届读书节主题为"悦纳经典，励志成才"；2012年第十届读书节主题为"诵经典、习雅行"；2013年第十一届读书节主题为"读经典诗文，创雅行校园"，学生在读书实践活动中学雅、习雅、行雅；2015年第十三届读书节在4月开幕，为期一个月的"诵读千古美文，弘扬传统文化，争做儒雅少年"读书活动丰富多彩，读书成为学生生活的习惯，成为学生实现人生梦想的重要手段。

　　雅趣读书节课程设置，旨在以"一切为了学生的和谐、全面、可持续发展"为出发点和归宿，以推动新课程改革为契机，以丰富多彩的读书活动为载体，着眼于提高教学质量和促进学生的全面发展，培养学生良好的读书习惯，提高学生读书的能力；激励学生与书本为友，确立终身学习的目标，营造浓厚的读书氛围，提升全体师生的文化素养，养成多读书、读好书的良好生活习惯。

　　学校每年举行一次"校园读书节"活动，展示一年来学生的读书成果，努力构建积极向上、清新高雅、文明和谐的校园雅行文化，由此创设一个具有浓郁文化气息的雅行书香校园。通过读书节活动，推动雅行书香校园的创建，促进雅行教育文化体系的构建，促进学生健全心理的养成，促进学生学习方式的转变，促进学生个性特长的和谐发展。

② 雅趣艺术节。

雅趣艺术节也是福利一小最高水平的综合性文化艺术盛会。艺术节每年6月举办，迄今已经成功举办了8届。

我校的雅趣艺术节一直秉承着"搭建一流展示平台，丰富师生文化生活"的宗旨，并在各大活动中渗透我校"让每位师生都成为秀外慧中的东方雅士"的教育愿景。每一届艺术节都有各自鲜明的主题，围绕中心主题，艺术节内容丰富多彩，形式多样，有演讲比赛、主持人大赛、艺术作品比赛、校园歌手大赛、原创剧本创作大赛、征文比赛、手抄报比赛以及闭幕式文艺会演等活动。作为艺术节压轴大戏闭幕式文艺会演，每年也有一些精品节目在师生心目中留下深刻印象。这些节目形式新颖，格调高雅，使校园充满了生机、活力与无穷的魅力，也为百年福利一小的发展增添了新的光彩。

文化是校园的灵魂，雅趣艺术节是师生们共建共享的精神家园，办好雅趣艺术节是素质教育的题中之意，是实现学生全面发展和教育科学发展的有效途径。植根于学校"立雅励行奠基人生"的沃土，独具魅力的校园文化之花已经盛开在每位师生的心灵深处。

③ 雅趣科技节。

设置雅趣科技节课程，旨在整体提升素质教育，深入推进课程改革，促进我校科技工作的发展。

设置雅趣科技节课程，切实激发学生对科技创新的兴趣，培养学生的创新精神和实践能力，促进学生智力的良好发展。

设置雅趣科技节课程，创建一支稳定的教师队伍，建立一支能出成绩、出好成绩的学生队伍。注重校园的科技创新，注重文化的积淀，营造良好的人文环境和氛围。

设置雅趣科技节课程，拓展科技教育的领域，建设一个阵地、联系两个基地、完善三支队伍，广泛地开展校内外科技或科普活动。建立一支优秀的学生队伍，积极参加各类比赛，并努力取得好成绩。

设置雅趣科技节课程，继续抓好特色项目的发展，挖掘科技好苗子，打造学校科技教育特色的新品牌，促进科普工作的开展。

设置雅趣科技节课程，学校紧紧围绕核心价值观的构建，进一步增强塑造栋梁、成就自我、服务社会的学校使命，构建以立雅励行奠基人生为核心的办学理念和教育方式的学校文化内涵，以思想管理、文化立校、文化治校、文化育人为重点，以课程建设、有效教学、减负增效研究为中心，以全面稳步提高教育质量、形成办学特色为目的，以精细化教学管理为抓手，推进有效管理、有效教学、有效质量迈上新台阶，加快特长学科、特色教师、特色办学的建设，促进全校师生的纵向成长，全面提高办学质量。

④ 雅趣体育节。

校园文化雅趣体育节是福利一小开放的校园流动的课堂，它为每位参与者提供了一个实践与锻炼的机遇，是智慧、能力和品德的挑战。迄今为止，福利一小的体育节已经成功举办了24届。每年春秋两季，运动员们都会伴随着雄壮的《运动员进行曲》，精神饱满、口号嘹亮地步入赛场，充分展现了我校学子积极进取、顽强拼搏、奋发向上、勇攀高峰的精神风貌。运动会上，裁判员坚持原则，公正裁判；工作人员恪尽职守，认真负责；运动员顽强拼搏，敢于超越，取得了优异的成绩，充分体现了健体强身、怡雅和谐身心的运动主题。

雅趣体育节的举办不仅活跃了校园文化，提高了班级凝聚力，培养了同学们相互帮助、团结友爱的精神，还达到了让学生自觉锻炼身体的目的。同时，在良好的运动氛围中，运动员努力拼搏、不断进取、超越自我，体现出了更快、更高、更强的运动精神，展示了福利一小与时俱进、开拓进取的精神风貌，也为学校的明天涂上了最绚丽的颜色。

⑤ 雅趣英语节。

学习和掌握英语是21世纪人类"学会生存""适应生存"的基本要求。学好英语不是对民族传统文化的漠视和抛弃，而是打开实用英语国家知识宝库的一把钥匙，是学习、引用外国优秀文化和先进科技成果的重要工具。英语对小学生的学习和终身发展具有重要意义。

为丰富学生的校园英语生活，提高学生学习英语的兴趣，为学生创造更多学习和使用英语的机会，我校于2010年开始举办校英语节，至今已成功举办4届。校园文化雅趣英语节展示活动为期一周，每届英语节的主题不同，2014年

学校英语节的活动主题为"Do the Most，Show the Best！"（积极参与，展示自我）。英语节中，我们组织开展英语书法比赛、英语百词竞赛、英语手工制作、英语手抄报展示、英语知识与能力竞赛、观看英语电影等形式多样、精彩纷呈、充满趣味的活动，为同学们搭建了一个又一个展示自我的平台，校园里掀起一轮学英语、用英语的高潮。

回顾每届英语节活动，学生们展示了自己的英语风采，享受了雅趣英语节带来的快乐，让我们真正理解了"Do the Most，Show the Best！"的重要意义。

设置雅趣英语节课程提升了学校的雅行文化建设的层次，促进了英语教师知识结构的优化，促进了学生的英语综合素质全面和谐提高；提高了学生的综合素质，全面提升了学校的创新力和竞争力，促进了学校的可持续发展；进一步丰富了师生校园文化生活，有力地促进了学校的雅行文化内涵的发展。

3. 提升教师素质，树立儒雅教师文化

（1）从战略上确立和实施的科研四部曲

第一步，确定一个目标：科研兴校、科研强师、科学育人。

通过教育科研统领学校的各项工作，积极践行"教者儒雅，以研为乐"的教风。通过探究、实施科学的管理策略和科学的育人方式来促进学校、教师、学生的最优化发展，实现学校教育愿景——让每位师生都成为秀外慧中的东方雅士。

第二步，组建两支队伍。

一是全员科研队伍。号召并组织全校教职工都参与课题研究，并将教科研工作列入年终考核项目。具体要求是：①做什么研究什么，把工作中的难题作为研究课题；②研究什么学习什么，结合研究课题学习相应的教育理论，既有针对性，也易激发兴趣；③把工作计划和课题研究方案结合起来；④把工作过程和课题研究过程结合起来；⑤把工作总结和撰写研究论文结合起来。这种机制适应教职工的需要，便于教职工从经验型向科研型转变。

二是骨干科研队伍。根据本校的实际情况，在全员科研基础上，将热心搞教育科研，且有一定研究能力的教职工组织起来，建立骨干科研群体，选择一些学校的"重大"课题进行研究，加强指导，使他们的研究获得成功，为学校

提供决策依据。

第三步，构建三个体系。

一是建立组织管理体系。由校长和行政业务领导组成教育科研领导小组，由教科室主任牵头，与学科教学带头人、骨干教师组成科研骨干群，为教科研工作能够扎实、顺利地开展，进行有效的宏观调控，提供畅通的管理渠道和有利的组织保障。

二是建立规章制度体系。制定并完善《教育科研工作制度》《教育科研奖励制度》《教育科研课题管理办法》《教育科研档案管理办法》等规章，为教科研工作科学、规范发展保驾护航。

三是建立课题研究体系。积极与省市教育科研部门联系，申报国家、省、市、区级研究课题，再灵活确定一批校级课题，形成以重点课题为龙头，多层次、多方位的立体式研究体系。

第四步，落实四个引领，实现五个结合。

一是问题引领，首先要求学校管理层和每位教师遵循寻找问题——解决问题——反思问题的路径，寻找到需要发展的出路。例如，我校是一所流动人口子弟较集中的学校，学生家长文化水平低，学生的家庭教育几乎是盲区，学生的养成教育在家庭得不到巩固。结合我校已成功开展九年的读书节活动，学校德育副校长负责了"古诗文诵读与学生品德教育融合的研究"，通过这一课题研究进一步提升了学校的读书节活动。首先，改进了古诗考级活动。这是我校读书节最具特色的活动，一到十二级的级别设置充分考虑到普及与提高的关系。一到八级是普及型，九到十二级是提高型。让学生直面经典，接受传统文化的熏陶。通过研究改善古诗考级，使品德教育与古诗文诵读有效融合。其次，创新了读书节活动，做到了届届有主题，班班有特色，人人都参与，人人有收获。例如，第八届读书节活动以"悦纳经典快乐成长"为主题，开展了丰富多彩的读书系列活动。其中，有传统的古诗考级活动；有大家动手的实践活动——自制书签、诗配画、读书摘记、剪贴报；有现场比赛活动——漂流书、千人诵读、亲子朗诵会、成语大赛、书香家庭读书知识竞赛、童话剧表演等。通过课题研究编撰了《诵经典习雅行》校本教材，并纳入学校课程管理体系。

学校还会针对家长教育能力提升、教师队伍素质提升、学校的安全管理、流动人口子女融入难等问题，先后立项、实施了"小学生课间活动安全有效性的探究""以校本培训促教师专业化成长的策略研究""流动人口子女学习能力建设的支持性研究""城乡接合部小学家长培训实效性研究""外来流动学生行为习惯的'本地化'整合"等省市级课题研究。这些课题的实施优化了学校的管理，提升了教师的素质，逐步形成雅致的管理策略和儒雅的教师形象。

二是活动引领，定期开展"科研沙龙"，并由各课题组利用日教研、月教研围绕课题开展交流活动，每月一次。老师们畅谈自己的思想、见解和感受，促进了教师的专业发展和自我成长。两周一次课题例会，固定时间，固定研讨内容，教学课题固定授课教师，评课、议课，结合自己平常的课堂教学，每次在例会前确定两位老师分教学故事、课标解读、读书感悟和才艺展示四个板块交流心得，以此锻炼胆识、相互学习、共同提高。科研的过程需要教师的素质做保障。因此，打造一支精干的教师团队应该是科研的重中之重。学校依托提升教师素质的读书工程、青蓝工程、新秀工程、名师工程活动，培养骨干教师，打造一批教育科研工作的主力军。加大对青年教师的培养力度，促进教师队伍的整体优化，为学校教育科研工作储备力量。

一名教师基本功的好坏也直接影响其教学水平的高低。一口流利的普通话、一手规范的三笔字，都能为教学工作增色不少。为此，我校将三笔字、普通话作为常规训练，主要采取自学自练的形式反复练习，在每天的"好字天天练"的20分钟里，所有教师与学生一起练字，每周完成习字册两页，教导处督促检查。

三是方法引领，我校一直秉承"走出去，请进来"这种传递性的学习，辐射全体，带动全体。学校积极创造一切可能的条件，为老师们提供学习机会。两年来，我们多次邀请了省小语会的张丽红老师等参加我校"高效课堂教学模式的探究"的课堂研讨活动。各位专家可与我校教师就"如何打造高效课堂"以及"怎样的课堂才是高效的"这些教学问题进行交流，通过互动，老师们对"高效课堂教学模式"有了较为清晰的认识，这也为下一步老师们更好地将所学实践于自己的课堂教学奠定了基础。为了适应课改的需要，我校加大了对教师的培养力度，为教师提供更多外出学习和培训的机会，教师提高了自身素质，开阔了视野。两年来，我校外派教师参加各级各类培训达80多人次。走出去，取他山之石；引进来，为我所用。同时，对外派学习人员加强组织规范管理，做好学习笔记，回来后，向全体教师汇报学习心得并上引路课，疏导示范，以点带面，对课改工作起到应有的促进作用。陈运香、瞿秀芳老师参加"名师大讲堂——小学数学教学创意观摩展示活动"后，将她们的学习心得向数学教研组全体教师做了汇报。这一轮轮走出去的培训使老师们更加意识到，只有不断地学习课改理论，用理论联系实际，指导实践，创造性地进行教育管理工作，才能做到与时俱进。

四是成果引领，辛勤的劳动必有收获。福利一小经过近几年的艰辛耕耘，在教育科研的园地里已有可喜的成果。这些成果又激励着更多老师投身科研工作，形成一个良性循环。两年来，我校立项和结题了40多项课题，教师发表90多篇论文，课题研究辐射到了各个学科组，学校对教科研基本上形成了每个学科有课题、每位教师搞科研的全面局面。学校在教育教学工作中加强课题成果推广活动，促进已有课题成果的转化工作，把每项课题的尝试探索变为常规工作，把有效做法变为习惯，进一步提高广大教师的课题研究水平，让教者儒雅、以研为乐的教风在学校生根发芽。

实现五个结合：在课题实施过程中，我们做到了五个结合。①科研课题与教师业务水平测试相结合，每学期初，学校都组织一次任课教师业务理论水平测试，这次活动不仅检查了教师所掌握的理论知识，更增强了其学习意识和教学的科学性。②科研课题与教研活动相结合，各课题组按学校要求，认真开展"三课""三制"活动，使教育科研工作与教研工作有机结合。③科研课题与交流研讨活动相结合，每学期参加课题研究的教师至少上一节课题实践课，课题组成员听、评课，共同解决其存在的问题。每个月学校组织一次交流研讨活动，让课题组成员、组长、骨干教师走上讲台，与全体教师交流课题实施的感悟，取长补短，实现多种视角的沟通融合。④科研课题与学科小课题相结合，每年我校确定的小课题至少有20个，覆盖全部学科，教师全员参与。我们尝试

着把科研课题与学科小课题研究进行整合，这样的活动对我们来说，既是一次挑战，也是一次机遇，极大地调动了教师参与教研科研的热情，通过整合运作，科研课题推动了学科小课题的研究进程。⑤科研课题与撰写论文相结合，每学期末对教师上交的论文进行评选，按等级奖励，并及时选出优秀论文，报上级有关刊物。

（2）名师工作室——榜样引领

我校于2013年成立了"王建萍语文名师工作室""王怀玲语文名师工作室"，工作室本着语文名师工作室要成为研究的平台、成长的阶梯、辐射的中心、师生的益友的宗旨，树立为学生及教师服务的工作方针，完善自我，创新创优，全面推进西固区小学语文教学教研和改革工作。"教而不研则浅"，研究是名师工作室首要任务之一和本质属性。名师工作室的名师在积极开展教育教学研究的同时，要继续带动工作室的其他教师自觉进行研究，要在已有成绩的基础上，继续"压担子"，争取"全面开花"，使整个工作室始终洋溢着一种研究的学术氛围，同时力争每位成员都能"研究出成效"。在工作室的引领下，我校马岩老师于2014年被评为西固区第三届名师，"马岩名师工作室"也于2015年3月成立。

4.塑造学生形象，树立博雅学生文化

丰富多彩的活动文化，是学校未成年人思想道德建设的重要载体。在活动中，学生们获得知识，习得涵养，懂得道理；在活动中，学生们享受到活动带来的快乐；在活动中，学生们领略到了经典文化的魅力，展示了自己的聪明才智。"常规+特色"是学校育人的追求，通过努力和实践逐步形成了特色环境文化、读书节、亲子活动、实践活动等几道德育工作的特色风景线。学校主要抓三个方面的工作，一是安全教育活动长抓不懈。建立完善学校安全工作制度，充分利用宣传栏、晨会、班会、上下午放学前的时间等，帮助学生确立安全意识，严格课间、午间活动，尽可能地杜绝追逐、打闹现象，规范自主行为。值周教师课间定点定时巡视，随时处理学生中的紧急情况，并对学生开展形式多样的安全教育，如开学第一天进行一次全校安全疏散演练；校少先大队举行了"珍爱生命，安全出行"的系列活动等保证了学生的在校及出行安全。二是常规德育活动扎实有效。每年1—2月是寒假走进社区活动，3月是礼仪节，4月是读书节，5月是体育节，6月是艺术节，9月是英语节，10月是爱生节，12月是科技节，这些常规的德育活动使学校变成了"月月过节，天天快乐"的乐园，为学生的健康成长搭建了平台，增强德育的实效性。每年一次的六一表彰活动，学校从不同的视角表彰学习之星、文明之星、礼仪之星、艺术之星、体育之星、劳动之星等各类雅行之星，并在学校最醒目的位置展示雅行之星的事迹，学生的成就感、荣誉感在此得到最大限度的展现。三是特色德育活动成效喜人。学校推出"营造书香校园"计划，每年4月19日举行读书节展示活动。本着继承传统、精办活动、人人参与、突出特色的原则，以小手拉大手的形式，引导家长一同参与读书活动，营造良好的读书氛围，争创书香校园。千人吟诵、亲子朗诵、校园剧表演、古诗吟诵吟唱表演、读书报告、古诗接力表演、成语相声等一项项富有新意的读书展示活动得到了家长及到场嘉宾的一致好评。

（1）在校园文化建设中，将古诗文诵读与学生的思想品德教育相结合

随着中华古诗文经典诵读工程的开展逐步深入，如今已融入学校的肌体，成为学校素质教育的重要组成部分，正引发着学校由内而外的变化，对学校儒雅风气的形成、校园文化的重建、学生的成长正发挥着越来越重要的作用。

① 营造书香校园，为学生的思想品德教育打好底色。

福利一小的文化氛围日渐浓厚，目之所及，到处是经典古诗文，校园内的各种大幅展板、标语、走廊墙壁上的名人名言、宣传画、宣传板报、多彩的美术书法作品、设计精美的手抄报、楼梯台阶上的古诗文、教室和专用室的标语、学校图书室、各班的图书柜，都是同学们求知、长智、明理的和谐体现。与经典同行，与圣贤为友，读中华经典，做龙的传人，成为学生学习经典的座右铭。这些都对学生道德、品行、性情、气质产生了耳濡目染、潜移默化的影响，是极见功效的人格熏陶教育。我们能切身感受到诵读好的学生，往往性格开朗，自信乐观，这大概就是"腹有诗书气自华"吧！干净整洁的地面，绿树成荫的花墙，具有浓郁文化底蕴的古诗墙，校园的每一个角落都充满文明的符号，渗透着礼仪的气息。学生待人接物彬彬有礼，师生之间相互问候，同学之间团结互助，给进入校园的每一个人都留下深刻的印象。这些都是校园文化建

设，促进学生礼仪规范养成所带来的成果。苏霍姆林斯基说过，要让学校的每一面墙壁都会说话。还指出，隐性课程乃是一种真正的道德教育课程，是一种比其他任何正式课程更有影响的课程。

②发挥宣传作用，实现舆论育人。

为了配合古诗文诵读的宣传和氛围营造，学校充分发挥国旗下讲话、红领巾广播站广播、宣传橱窗、校刊校报等宣传平台的作用，创新宣传形式，定期开展学习心得交流活动，使师生时时刻刻都浸染在古典诗文的浓厚氛围中。

通过各种形式的宣传，让学生明白古典诗文是我国民族文化的精髓，内涵深刻，意存高远，蕴含着大量的人文内涵。目前我们的学生思想单纯、生活单调，正缺少这种文化底蕴，所以我们依托小学生古诗文的诵读，让学生从古典诗文中汲取营养，陶冶情操，用古诗文的精华来滋养学生的精神世界，使学生明白读书不能改变人生的起点，但有可能改变人生的终点。喜欢阅读的学生，他的前途是不可估量的，点燃一盏阅读的心灯，拥有一轮人生的太阳。与经典同行，打好人生底色，读书为精神打底，为人生奠基，读经典，做有根人。

（2）让丰富多彩的活动成为古诗文诵读与学生品德教育融合的有效方法

"纸上得来终觉浅，绝知此事要躬行。"要使课堂教学、书本中的德育观念变为行动，就要组织开展多项综合实践活动，让学生到生活中去发现、体验。

为激发学生参与古诗文诵读的积极性，进一步陶冶学生情操，丰富校园文化生活。我校定期开展古诗文诵读比赛、手抄报比赛、作文大赛、现场诗配画等丰富多彩的校园文化活动，将古诗文与书画、舞蹈、课本剧、合唱等大家喜闻乐见的活动有机结合。

①学校每年举办一次"读书节"展示活动。

读书活动是我校的特色工作之一，我们开展读书节活动已有六年，六年来福利一小千余名师生在唐诗宋词的平平仄仄中摸索穿行，精心打造充满书香的校园，将古诗文诵读贯穿于丰富多彩的读书活动中，以喜闻乐见、趣味横生的活动形式让学生直面经典，感悟经典之内涵。每年的读书节，学校都要进行经典文化学习的汇报活动。我们设计出了一系列与古诗文诵读有关的活动，如古诗考级、书签制作、低年级朗读比赛、中年级课本剧表演、高年级书香家庭读书知识竞赛、手抄报比赛、读书知识积累展示、红领巾书市、教师读书报告会等。其中"古诗考级"是我校读书节的传统项目。丰富多彩的活动，符合儿童智能发展呈多元性的规律，它让会唱的、会画的、会跳的、会诵的、会写的学生都有机会展示自己最"亮"的一面。

活动为学生的阅读打开了一扇窗，引领着孩子走进文学的殿堂。在读书节期间，书成了学生生活中最主要的东西，读书成了学生最喜欢的学习方式，在推动校园阅读活动深入开展，扎实推进"学习型校园""和谐校园"建设的同时，让全校师生在读书活动中享受快乐。读书节活动多，规模大，影响深，获得了预期的效果。尤其在提高学生的阅读兴趣，培养学生的阅读能力，使学生从优秀的文学作品中汲取营养，促使学生全面发展，对促进学生身心健康、和谐、快乐地发展具有深远的意义。学生在享受"与经典为伴"的吟诵中，得到启迪与熏陶。

② 把古诗文诵读与学校德育教育的系列活动相结合，作为让学生明荣知耻的重要手段。

做法一：开展各类征文比赛活动，如"我身边的文明行为或不文明行为""我们的节日""感恩成长""我的家乡"等征文比赛。

做法二：在学生背诵积累了相当量的古诗词以后，教师要鼓励学生学以致用，把古诗词名句与习作巧妙地结合在一起，使文章各具灵性与特色。虽然学生运用的诗句不一定很成熟，但至少说明诗句已经进入了他们的生活，激发了他们的写作兴趣，提高了他们的写作水平能力，达到了学以致用的目的。

做法三：红领巾广播站开办了"古诗文赏析"栏目，每期介绍一篇优秀古诗文，加深学生的理解，增进记忆。

做法四：开展"古诗文手抄报"比赛，培养学生的编辑、绘画、书写能力。为了使诵读活动真实有效，学生不但会背诵，还要落在纸上，我们要求各班办五份古诗文手抄报，低年级可以让家长帮忙。大队部从版面设计到报头及内容的选取、安排等都提出具体的要求。学生根据古诗的内容精心设计，查找相关的资料，认真制作，一张张别具一格的手抄报就诞生了。通过读、背、

想，让学生理解诗文的含义，在构思过程中也培养、锻炼了学生的思维品质，同时也在编写手抄报的过程中练习了书法、绘画。

做法五：以班级为单位开展多彩活动，激发学生对古诗文诵读的兴趣。班队会是发挥学生主动性最好的活动。每学期各班搞一次以古诗文诵读为主题的专题班队会，把无形的意境编成舞蹈、相声、小品等，活泼生动，达到事半功倍的效果。举办"为古诗文配画"等活动，提升学生的审美，激活学生的创造能力。

③ 在体育活动中渗透古诗文诵读与学生的思想品德教育。

在大课间活动中，改变了过去让学生听音乐做操的单一模式，我校自编了《福利一小文明礼仪三字歌》，学生一边朗诵，一边听音乐做操。"入校门，衣冠整；情绪昂，步履正，操场区，勿穿行；见师长，问您好；遵校纪，护校风。"一时间成为学生在校园里最爱传唱的歌谣。"三字歌"教学生如何做人，以此提高学生的礼仪素养，争做文明学生。

④ 放学路上诵读经典诗文。

各年级设计符合各年龄段学生的诵读内容。利用中午放学时间，学生站队从学校出发开始背诵古诗，直到老师将他们送到路口为止。在固定时间进行古诗文诵读活动，形成德育活动的新特色。

（3）结合校园的各种仪式，塑造学生聪颖自信的东方雅士气质

① 升旗仪式是对学生进行爱国主义教育最好、最具体、最有象征意义的形式之一。

每周一次的升旗仪式，既是一道美丽的风景线，又是振奋人心的时刻。整齐的队礼和冉冉上升的国旗组成了一幅美丽而壮观的画面。升旗仪式是激发队员的爱国情感的佳径，可以培养队员良好的责任感与荣誉感。为了使我校升降国旗仪式规范化，根据《中华人民共和国国旗法》和原国家教委的相关通知制定了以下规定。

旗手、升旗手和护旗队承担升国旗任务，他们是升旗仪式的主角。因此，旗手必须是品学兼优、有责任心的队员，也可以是为班级、为学校争得荣誉的队员。旗手应按时升旗、降旗，在恶劣天气中更要爱护国旗，及时将

其收回保管。

主持升旗仪式的主持人由大队部负责推荐、培训，由校学生干部担任，要熟悉升旗过程，普通话标准，主持没有差错。升旗手介绍和值勤工作交接讲话者由各班轮流担任。

国旗队由各中队推荐选举，由大队部统一培训，每周训练一次。

国旗下讲话。国旗下讲话的演讲稿由学校德育处和大队部根据教育主题安排讲话人，可以是队员、老师、学校行政领导等。国旗下讲话要准备充分、语句通顺、声音响亮。

每天的降旗工作由大队部指导值周中队按时完成，降下时不得使国旗落地。

升旗仪式及国旗下讲话内容应存档。

对国旗必须爱护，不升挂破损、污损、褪色或不合格的国旗，如有以上情况应立即更换国旗。

讲话内容。学校领导的讲话要结合学校的阶段性工作对学生进行活动宣传、养成教育、理想教育等。针对学生中出现的问题及时进行有目的的教育，以提高学生的思想素质，也可根据重大节日介绍相关知识。

② 开学典礼。

新学期开始隆重举行开学典礼，为学生搭建展现自我的舞台，典礼是总结上学期成绩，回顾上学期，是对本学期的工作进行展开，是新的学期新的开始。

③ 入队仪式。

通过举行隆重的入队仪式，进一步加强对少年儿童的思想引领，增强少先队组织对少年儿童的吸引力、凝聚力，使每位队员都积极参与少先队的各项活动，激发少先队员的光荣感、使命感、责任感。

④ 毕业典礼。

六年小学生活对每个人来说都是非常难忘的，在小学里，学生开始学着做人、学会学习、学会交往、学会实践。六年的学习任务完成了，举行毕业典礼，让学生知道自己长大了，即将成为一名中学生，同时也是对小学六年生活的一个小结。

毕业典礼也是对学生进行的一次感恩教育，教育学生立足今天，脚踏实

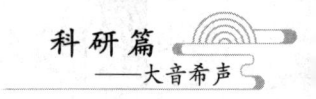

地，朝着自己的理想奋进。是为学生的小学生活画上圆满的句号，让他们展望更美好的未来。

（4）开展班级"雅文化"评比活动，使"雅文化"入心导行

为推进我校"雅文化"建设，促进学生更好地发展，营造和谐、宽松的学习环境，我校开展了班级文化建设活动。"恬雅中队""喜洋洋乐雅中队""芳雅中队""静雅中队"等富有个性的班级名称应运而生。学生或写或画，或剪或叠，人人参与，个个动手，真是"八仙过海，各显其能"。转眼间，洁白的墙壁成了学生张扬个性、发挥创造力的大舞台。"快乐体验"中有他们参与社会实践的写真；"艺苑风景"中有他们对美丽世界的憧憬……特别是各种星级榜的设立，既改变了过去单一的评价方式，更使评价具有激励功能。如四（1）班的班级名片解读。

"我们班的'班名'为：'金色慧雅中队'。'慧'即聪慧，伶俐；'雅'即文雅、高雅、品行端正。'班级口号'是：用雅言书写成长，用雅行记录成长。愿我们班的每个同学都能争当六雅儿童。'班训'是：文明高雅，乐学善思。前句是指举止文明，举止高雅；后句是指善于思考，善于学习。班主任老师在'班主任寄语'中写下了这样的一段话：在这座金色阳光般的梦想花园中，希望你们能够播下一个信念，收获一种行动；播下一个行动，收获一个习惯；播下一个习惯，收获一种性格；播下一种性格，收获一次成功；争做一名举止文雅、乐学善思的福利一小小雅士！有了信心、决心、恒心，再通过自己脚踏实地的奋斗，你们心中的理想就一定能够实现。"

这样的设计理念组成了四（1）班的班级名片。

二（2）班的班级名片解读："我们兴雅中队班级名片的版面是闪亮光芒的彩虹，这代表我们热爱生活并努力保持行为的高雅，学会做生活中的雅行小模范。版面上方是'兴雅中队'，这是我们班级文化的主题，也是班级思想的精髓。我们的班训是'乐学善思，兴雅奋进'。中间是班级口号：挑战自我，超越自我！下方是我们的'全家福'和班主任寄语：热爱阳光、快乐学习、健康成长。"

在班级文化建设中，教师只是给学生当好参谋，是一个倡导者、合作者，

学生才是主角，是真正的主人。教师只是给学生提供了张扬个性的机会，教室成了展示学生自我才能的舞台。班级文化的作品全是学生自主提供、更换的。而且每班的班级文化都有各自的主题、班规、班训，都有各自的设计理念，主题寓意。设计中注重发挥以雅育人的特色，培养能力，陶冶情操，提升品位。

假如校园文化是学校教育的"社会"，那么班级文化就是学校教育的"家庭"。班级文化是一门潜在的课程，它有着无形的教育力量。只要我们高度重视班级文化建设，为班级文化建设提供有利条件，总结、归纳班级的文化特点，创建班级文化的多种模式，形成班级文化的多样化局面；只要我们建立科学、创新、以人为本的蓬勃向上的班级文化，创造有利于学生健康成长、个性飞扬的良好班级环境，建设具有新时代特征的班风，创建高质量的精神文化，教师就能在教育实践中成长并成为学生的启智者；德育工作就更具有针对性、实效性和创新性；学生就会真正融于集体，素质与能力得到锻炼和提高，人格得到健全发展，个性得到充分张扬；就能使班集体建设与学生个性互动互促，实现真正和谐的发展。班级文化一定能起到"随风潜入夜，润物细无声"的作用。

八、课题研究的成效

两年来，学校先后荣获兰州市、西固区教育质量优秀奖；兰州市绿林达标单位第十四届青少年书信大赛优秀组织奖；兰州市第五届中小学生合唱节西固赛区（小学组）二等奖；校本教材《诵经典、习雅行》在首届兰州市中小学校本教材评选活动中荣获一等奖；奥林匹克杯全国数学大赛优秀组织奖；甘肃省中小学标准化心理咨询室示范学校；全国双有先进集体；全国作文教育旗舰校；兰州市中小学标准化心理咨询（辅导）室；兰州市社区学校少年宫；兰州市阳光体育示范校；兰州市校园文化示范校；兰州市卫生单位；西固地区第一届中小学音乐教师教学基本功比赛优秀组织奖；中小学中国象棋比赛团体第四名；西固地区节目选送优秀单位一等奖。

学校文化建设的经验多次被各类媒体报道，如《兰州日报》刊登的《西固城第一小学用经典文化打造典雅校园》；《发展》杂志刊登的《承百年教化之

风，创立雅文化校园》；《兰州鑫报》刊登的《营造浓郁文化氛围西固一小德育立校》《西固一校举办读书节展示活动》《看谁笑得最灿烂》《西固一校师生共展才艺》；《兰州日报》刊登的《心语小屋，温暖如家》《西固城第一小学开展励志教育》；《甘肃法制报》刊登的《西固城第一小学强化安全意识，创建平安校园》《西固城第一小学科研兴校谱写篇章》《西固一校举办地震应急演练》《西固一校开展少先队员进社区活动》；等等。

两年来，学校进行了多项文化建设方面的课题研究，同时，立项并获省级结题的有"构建以人为本的学校文化"，之后以"雅文化"为研究主题，立项省级课题有"以'雅文化'的实践提升学校办学内涵的研究""以'雅行'为依托促学生习惯养成的行动研究""雅趣校本课程建设之研究""多元智能理论下小学英语教学策略的研究"4项和个人课题有"提升小学生课堂幸福感的策略研究"等3项。此外，结题、获奖的省、市级课题有47项。

这一项项阶段性成果见证着福利一小在素质教育的道路上付出的智慧、辛劳，收获的成功、幸福。

我们福利一小相信，当现代学校制度改革与"雅文化"建设交融在一起时，当雅转化为福利一小师生共同的内隐规矩和内隐概念时，"雅文化"就将在福利一小植根，并借助文化的惯性不断扩大"雅文化"半径，让"雅文化"走进更多的学校、家庭、社区。福利一小这样的"小学堂"，最终将成为老师和学生一起走向幸福生活的"大雅堂"。

九、关于进一步研究的思考

（1）校园文化建设是学校课程的重要组成部分，学校不能急功近利，而应该将文化建设与教育面向全体学生，服务于每一名受教育者。要注重文化建设的潜在效应，不能只看眼前所取得的成果，还要看文化在孩子一生当中所起到的作用。

（2）开展文化建设与教育的起始阶段，要求不能太高，要联系学生的实际，由浅入深，由易到难，循序渐进地开展活动，同时还要注意关注学生收获自信，体验成功。

（3）校园文化是一个立体化、开放性的概念。它包括了诸多因素，如硬件建设的物的因素，教师、学生的因素，以及人与物、教师与学生等的相互关系等。它是一种环境，是一种氛围，也是一种需要长期努力、苦心经营的教育工作。时代在发展，科技在进步，我们步入了一个崭新的知识经济时代，深深地体会到，新时代的校园应投射出强烈的现代科技之光，营造一种学科学、用科学、爱科学的校园文化氛围，让置身其中的每一个人都能充分地感受到浓浓的现代科技气息。由此不断探索新时代校园文化的特色，将是此课题进一步研究和实践的内容。

（此课题研究成果荣获兰州市 2018 年基础教育优秀成果奖一等奖）

《小学生语言积累的途径与方法》课题结题报告

一、课题的提出

本课题的提出基于社会、语文学科本身的特点、教师和学生四个方面原因。

（一）社会方面

孙洪文《中小学课外阅读状况的调查报告——浅析中小学生课外阅读不足的原因及对策》一文中的调查资料显示：目前中小学课外阅读状况令人担忧，社会、家庭缺少浓郁的文化氛围，尤其是青少年将大部分时间用来看电视、录像、玩电子游戏，从而放弃书籍的阅读。有学者将这种现象称为"文弃"，并指出这是一种反文化的现象，具有严重的危害性，会使人们的头脑越来越简单，思想越来越肤浅，知识越来越贫乏，导致一代人的素质下降。由此可见，指导学生进行大量课内外阅读，加强学生的语言积累是国内外中小学教育者关注的热点。

（二）语文学科本身的特点决定语文学习离不开语言的积累

语文课程标准在"阅读目标"中十分强调语言的积累，并且对此进行了量化的规定。它明确要求三至四年级的学生要积累课文中的优美词语、精彩句段以及在课外阅读和生活中获得的语言材料。背诵优秀诗文50篇（段），课外阅读总量不少于40万字。最新版语文课程标准也把积累放在一个重要的位置。课程总目标中提出，"（义教阶段学生）具有独立阅读的能力，注重情感体验，有丰富的积累，形成良好的语感"；阶段目标中提出，"结合上下文和生活实际了解课文中词语的意思，在阅读中积累词语"（一至二年级），"积累课文中的优美词语、精彩语段及在课外阅读和生活中获得的语言材料"（三至四年级），"联系上下文和自己的积累，推想课文中有关词句的意思，体会其表达效果"（五至六年级）。语文课程标准对阅读积累的具体要求，自然而然地让我们联想到古往今来人们对积累的重视。古人云："不积跬步，无以至千里；不积小流，无以成江海。""熟读唐诗三百首，不会作诗也会吟。"美国教育心理学家加涅也说过，学习的过程是逐渐积累的过程。可见，积累对于引导学生学习、运用语言文字、提高语文能力起着十分重要的作用。

（三）教师方面

虽然教师们普遍重视语言的积累，但我们发现不少教师以一种简单化的手段对待积累，将积累简单地理解成读读、抄抄、背背。缺少应用的指导，缺少有趣的交流，使积累成为一种枯燥的任务，学生也只记住了一些"空壳"，丧失了学习语文的兴趣，同时也无法实现积累—运用的迁移。

（四）学生方面

语言积累是为了运用，最终目标在于养成读写技能。不会运用，积累得再多，也只能算个"两脚书柜"。学生学习实践中的积累往往存在这样或那样的问题，表现为积累方法机械，不感兴趣，重视优美词语、精彩句段的积累，忽视方法的积累；注重课内、校内学习生活的积累，忽视课外、校外学习生活的积累；追求"量"上的积累，忽略"质"上的突破；认识到"积累"的表面作用，没理解到积累的深远意义。

基于以上四方面问题，我校提出了"小学生语言积累的途径与方法"的研究课题，此课题研究针对性强，目的明确，也对在教学改革的新形势下提高小学语文教学水平进行了有益探讨。

二、课题的理论及实践意义

（一）理论意义

1. 语文教学实践中要重视语言积累

重视语言积累是语文课程标准中的一个重要指导思想，它多次提及"语言积累"，其中与"语言积累"一词相关的地方有13处，"语言积累"一词出现了9次，如：在第一学段的"阶段目标"中提到"在阅读中积累词语"；在第二学段的"阶段目标"中提到"积累课文中的优美词语、精彩句段以及在课外阅读和生活中获得的语言材料";在第三学段的"阶段目标"中也提到"联系上下文和自己的积累,推想课文有关词语的意思,体会其表达效果"。语文课程标准不仅在语言积累的途径和方法上做了如此明确的要求,而且在对各学段的语言积累方面还做了具体的量化要求。第一学段明确要求学生背诵诗文50篇(段),课外阅读总量不少于5万字,这样的要求是中华人民共和国成立以来历次颁布的教学大纲都没有明确提出过的,可见,语言积累是当前语文教学中一个不容忽视的重要问题。本课题旨在以探索和研究小学生语言积累的途径与方法为基本内容,以提高学生的语文素养为目标,以语文课堂教学为主阵地,以第二课堂活动的开展为积累语言的广阔空间,以学生鲜活的课外活动为丰富语言积累的依托。只有"厚积"才能"薄发"。没有积累就谈不上培养良好的语感,也绝不能有真正的听、说、读、写能力。没有积累,运用则如无源之水、无本之木。所以,著名特级教师、苏教版九年义务教育小学语文教材主编张庆就说,积累与运用好比"布云"与"落雨",云层布得越厚,雨下得越大,无云决然不会有雨。郭沫若先生的"胸藏万汇凭吞吐,笔有千钧任歙张",便很好地揭示了二者的关系,这再次说明,强化小学生的语言积累重要而迫切。

2. 现代教育心理学

现代教育心理学研究表明,少年儿童个体智力发展的一个突出特点是记忆力强而理解力弱,注意力宜引到记忆类事物中,而不适合分散到难以理解的多种事物中去。这表明少年时期应该有一个强化读书,大量积累语言信息的阶段。15岁以前是记忆的黄金期,不但记得快,而且记得牢。这个阶段的儿童是多记性、少悟性。如果抓住了孩子记忆最佳期,让孩子多读多记,会对丰富其语言积累起到事半功倍的效果。另外,丰富学生的语言积累,不仅可以规范学生的语言、促进学生的语言发展,而且能够促进学生的智力发展。因为学生阅读、记忆可以加深大脑皮层的暂时神经联系,产生持久的稳定记忆,从而锻炼记忆力。有意记忆和无意记忆积累了大量材料,不仅有存储的作用,还有检索的作用,可以发展思维的敏捷性、灵活性、创造性。从这个意义上说,本课题的研究有着更深远的意义和价值。

（二）实践意义

从我校校情看，学生以农村进城务工人员子女居多，家庭教育质量相对偏差。主要原因如下：①家长接受教育年限偏短，很多家长只读过小学。②家长的教育观念落后，不重视家庭教育。③家长的教育方法简单、粗暴。④家长没有学习习惯，家庭学习环境较差。这样的学习群体，若不采取行之有效的方法进行教育，学生很难形成较强的学习能力。从这个角度讲，本课题又具有重大的现实意义。

本课题力求做到"一步活棋、带动全局"，使实验教师进一步转变教学思想，促使其由"经验型""守成型"向"探索型""科研型"转化，在研究中探索，在研究中成长，在研究中完善，以点带面，激活全局，以带动学校教学改革的整体深化。

三、有关的概念界定

（一）语言积累

"积累"一词在词典中的意思是（事物）逐渐聚集。广义上，各科教学都是积累的过程——积累知识，积累文化，积累语言，积累生活经验。我们这里讲的"语言积累"是指在语文教学过程中要逐渐聚集学生的语言材料、语言范例、语言知识。语言材料主要是指汉字和词语；语言范例指锦言佳句、名段名篇、名作；语言知识是指字词句篇、语修逻文（语法、修辞、逻辑、文学常识）知识。语言范例中包含着丰富的语言材料、文化知识和生活经验，因此，语言范例的积累是一种综合性的语言积累。

（二）途径与方法

"途径与方法"在词典中的意思是人们为达到一定目标而采取的一系列相对系统的行为和活动的方式方法。而我们的途径与方法是指通过课堂教学过程，开展读书节活动，通过语文综合实践活动，开展对学生语言积累的展示和评价几种活动来促进学生在读中积累、学中积累、说中积累、用中积累、课外阅读中积累等。

四、课题的研究目标

（1）通过实验研究，改变学生语言积累的现况，培养学生语言积累的兴趣和能力，总结出小学生语言积累的特点和规律。

（2）探寻在小学语文学科教学中学生语言积累的途径与方法，并付诸实施，最终总结一套可资借鉴的途径与方法。

（3）通过加强语言积累，培养语感，全面提高学生语文素养，促进学校教育质量的大面积提高。

（4）通过研究及实践，引领本校的广大语文教师不断更新自己的教育观念，积极推进课程改革，努力改变教学方式。促使教师在研究和实践中不断提高自身的科研能力，从而使我校的教育科研取得新的突破。

五、本课题研究的基本内容

（一）构建以"积累"为中心任务的课堂教学流程——课内活动促积累

有效积累的一系列方法：通过整合，进行板块式积累；多元感悟式积累；拓展延伸式积累；实践活动式积累；学科整合式积累；活动式积累。

课内活动包括以下几个方面内容。

（1）调查了解本校各年级学生已有的语言积累情况、途径和方法。

（2）以阅读教学为平台，以积累、感悟、运用为教学工具，指导阅读，提高阅读能力。

（3）循序渐进地培养学生课外阅读的浓厚兴趣，丰富学生的语言积累。

（4）通过语文综合实践活动引领学生语言积累自主化、生活化。

（5）开展对学生语言积累的展示和评价方法的研究。

（二）直面经典文化，营造书香校园——课外活动促积累

为营造良好的读书氛围，丰富校园的文化生活，激发教师、学生、家长的读书兴趣，我校每年都举办一届校园读书节。读书节成果展示活动分为四大板块：第一板块是古诗考级；第二板块是各类展示活动，如自制书签、诗配画、读书摘记、剪贴报……读、写、画、讲等形式，使读书节更加丰富而生动；第三板

块是现场比赛活动，如亲子朗诵会、成语大赛、书香家庭读书知识竞赛、童话剧表演；第四板块是特色活动，如红领巾书市、放漂流书等。各年级的特色活动也异彩纷呈，一年级的古诗诵读活动；二年级的朗读比赛；三年级的现场"画诗"比赛；四年级的读书摘记展评，建立读书成长册；五年级的读书知识竞赛；六年级的评选读书明星活动。

通过以上活动，为学生搭建展示语言积累成果的平台，达到以活动促积累的目的。

六、理论依据

（一）古今教育思想

刘勰于《文心雕龙》中道出："操千曲而后晓声，观千剑而后识器。"古人在实践中更是得出结论："书读百遍，其义自见""熟读唐诗三百首，不会作诗也会吟""不积跬步，无以至千里；不积小流，无以成江海"。叶圣陶先生指出：写东西要靠平时的积累，不但作家、文学家如此，练习作文的小学生也应这样。对于优化与运用，叶老也有精辟的概述，"教学生阅读，一部分的目的在于给他们做个榜样。因此教学就得着眼于，文中所表现的作者的积蓄……何种积蓄不必发表，决不能乱写……"著名教育家李希贵先生也说过：人在某个年龄段就该阅读积累这个年龄段的知识，否则，耽误过去，将很难弥补。

（二）儿童发展心理学

儿童发展心理学表明，儿童的记忆力和理解力与年龄增长呈反比，儿童时期记忆力强，理解力相对较差，随着年龄增长，理解力日益增强，而记忆力又相对减弱。小学阶段正是一个人记忆存储的最佳时期，应该充分利用这一积累的黄金时段，通过读书，大量吸收、积累语言，积累多了，知识丰富了，经验多了，认识事物的能力就随之提高了，这将为今后的发展奠定良好的基础。

（三）语文课程标准

语文课程标准指出："语文课程应致力于学生语文素养的形成与发展。""少做题，多读书，好读书，读好书，读整本的书。"这17个字道出了语文学习的真谛，重阅读、重积累、重知识整合优化。学生语文素养的形成与

发展，要在读书中积累，在读书中激发学生的阅读兴趣，培养学生良好的阅读习惯，发展其思维能力。

（四）多元智能理论

多元智能理论创始人加德纳认为，语言历来是人类社会不可或缺的一种"人类智能的卓越范例"。语言是使别人信服其行动过程的一种能力。语言智能是其他智能的基础。

（五）现代课程论

现代课程论认为，基础教育是公民教育，学生在语文教育中要获得的最基本的东西是语言积累，它是公民必须具备的、发展的必要条件。

七、课题研究的具体做法

（一）加强培训

培训的内容主要有如下几个方面。

（1）对认识实验课题的意义及理论与实践价值的培训。其目的在于让实验教师明确他们所承担的课题研究的意义和价值，激发他们的研究欲望，明确课题研究的任务与目标，使他们有明确的奋斗方向，能严格遵守工作的要求。

（2）对基本科研理论与科研方法的培训。帮助教师提升科研理论水平，掌握教育科研的基本方法，为课题研究提供技术性的支持。

（3）对研究内容相关理论的培训。帮助教师提升对语言积累的理论认识，开阔视野，放飞思想，丰富语言积累的方法与途径，使课题研究深入、有机地展开。

（4）对教师专业素养发展的培训。教师科研源于常规教学，与常规教学水乳交融，同步进行。教师专业素养的提升势必会拉动课题研究向纵深方向发展，所以搞课题研究更要重视教师专业发展的培训，以教师的发展促进课题研究，在课题研究中发展教师的专业素养。

（二）加强学习与反思

引导教师在实践中学习，在学习中反思，并在反思中提高。

学习的形式虽然多样，但重在效果，重在激发内在的学习动因。应该说目前在创建学习型组织活动的感召下，学校学习氛围浓郁，教师的学习欲望强烈，学习积极性比较高，每人都购置了精美的学习笔记本，积极自学。笔记中不仅有摘抄，还有教师的体会与随笔。

在重视学习的同时，课题组还特别重视教师的反思，因为反思能力已成为新课改形势下教师必备的素质之一。美国心理学家波斯纳曾提出一个公式：教师成长=经验+反思。他还指出，没有反思的经验是狭隘的经验，只能形成肤浅的认识。所以，我们特别强调教师要对自己的教学进行反思，对课题研究进行反思，不断在反思中总结经验，提升认识。

为保证教师的反思质量，课题组还提出了教学反思的三个基本要求：①即时性。要及时反思，要善于捕捉稍纵即逝的智慧火花。②持久性。即坚持经常写，把写反思看作必需的事，就像医生写病历一样，形成一种职业习惯。只有坚持，才会把教师闪亮的智慧之珠串成精美的教育之链。③理性化。反思重在提炼与升华。所以，反思不要长篇大论，但需要教师用犀利的眼光发现常人不易发现的问题，用理性的思维去剖析问题，用凝练的语言提炼、升华经验与认识。

（三）同伴互助，共同提高

自我反思、同伴互助、专业引领已成为教师专业成长的三大支柱。学校特别重视教师间的团结协作、互补互促，积极为课题组成员创造相互学习、借鉴的机会。因为这项课题研究，虽然大家都有一定的理性认识，也都积累了一些经验，但谁也没有形成一套系统的经验与方法，这就需要群策群力，需要思维火花的碰撞，相互启发，彼此借鉴，共同提高。

八、语言积累的方法与途径

（一）语言积累的具体方法

1. 多读——语言积累的先导

"语文课姓语名文，语文课必须返璞归真。"这也是课题组成员的共识。在阅读教学中，实验教师积极践行"四步阅读法"，引导学生在读中感知，在读中感悟，在读中培养语感，在读中受到情感的熏陶，在读中积累语言。"四

步阅读法"是课题组总结出的阅读教学的基本方法，即初读感知——精读领悟——品读玩味——诵读积累。初读感知旨在扫清文字障碍，把课文读通顺、读流利，从整体初步感知课文的主要内容。精读领悟是在初读的基础上，抓住文章的重点词句、语段，深入领会，感悟句段的深刻含义，准确把握作者的情感脉搏，体会作者的思想感情。品读玩味是在精读的基础上品析语言，体会语言运用之精妙，激发学生热爱语言的情感。引领学生进入课文情境，并与作者产生共鸣，使有感情朗读达到"吾口诉吾心"的佳境。诵读积累是在品读的基础上熟读成诵，形成积累。

2. 多背——语言积累的巩固

丹麦语言学家斯培森说过："学习语言需要背诵，常常背诵才能使所学的词语、句子在记忆里生根。"小学阶段是人一生中记忆力最好的黄金时代，趁着小学生的记忆好，在他们的小脑袋里装点诗文佳作，并为其转化成自己的语言做好铺垫，尤其是对于学生的不会表达是一种很好的补偿。低年级的语文教师要尽量做到精讲多练，挤出时间指导学生背诵。要求学生会背的课文，作为教师必须要先会背，与生同背，与生同乐。

虽然积累语言最重要的方法就是背诵，但不是死记硬背，要有正确的方法。因此，我们总结出了如下几种有效的方法。

（1）提纲背诵法。列出段落的层次提纲、抓住重点词，然后循着主导词熟读成诵。

（2）抄背结合法。名言警句、诗歌，采用手抄与背诵相结合的方法。

（3）理解背诵法。没有以此为基础的记忆是机械记忆，机械记忆不是真正意义上的语言积累。为防止遗忘，在熟读成诵后要经常复习。

掌握了上述背诵方法，还可以利用课外时间进行下列活动。

（1）每日背一句。低年级学生可由老师选择一些简单优美的课内外语句、诗句，每天早上利用5分钟的时间带领学生背诵。

（2）每周背一诗。根据学校校本教材，每周背诵一首古诗。背诵不受任何条件的限制，而且形式多样，可检查性地抽背，可巩固性地小组背、齐背，可游戏性地同桌或两组对背，也可在课间背、课前背、放学背、路上背等。

3. 多说——语言积累的强化

表达能力是小学生应该具备的基本能力。日常生活中，说话是与人交流的重要途径和手段。说话时，人们必须调动大脑中的语言储备，这就使语言积累进一步得到巩固和深化。但由于应试教育，说话训练常在教学中被忽视，导致多数小学生表达能力弱。在人们的交往中，表达能力已成为认定个人整体素质的重要因素，培养小学生的表达能力是实施素质教育的重要方面，也是新课程改革所应具备的。为此，在教育教学中必须采取多种措施、多种方法，逐步加强对小学生表达能力的培养。要根据实际情况，把握合理时机，采用灵活形式，让学生练习说话，使学生把学到的语言材料内化为自己的语言材料并沉淀积累。

（1）复述训练法

复述是积累语言的一种好形式。促进理解，锻炼思维，在机械朗读课文的基础上，让学生放下书本，进行理解和记忆性的复述。以生动的童话故事、成语典故、生活常识为主要内容，采取简单复述、创造性复述、内容提要简述、听取别人复述后复述、多人接力复述等，既能提高逻辑思维的敏捷性，又可培养学生初步的思维想象能力，使学生说话有条理，用词正确，从而促进他们的记忆能力与理解能力。

（2）自述训练法

捷克教育家夸美纽斯说："一切语文从实践中去学习比用规则学习来得容易。"在教学中，经常选择一些学生身边的话题，让学生进行自述和简要评说，这些话题贴近生活，容易激发学生的兴趣，同时也有利于在相互交流中积累语言。依据这一点，我们可以设计出许多的自述内容——各种童话图画、我的家、我的小伙伴、买物品、迎客人、向教师请假、上学路上的新鲜事等，自述形式采取大家互相交流、对话、自由插话。在训练中因教师对学生观察、思考、表达等方面出现的问题进行具体指导，有意识地引导学生形成连贯、完整、有主题、有条理、有层次、语词丰富、描述具体的语言表现力，培养锻炼了学生思维的敏捷性、条理性和深刻性，使学生的语言积累更加丰富，更有个性特点。

（3）语感训练法

加强语感训练也是提高学生说话能力和语言积累的重要方法之一，学生语言积累越丰富，语感就越强，说话能力就越好，分析理解能力也就越高。重视语感训练，一方面可提高口语交际水平；另一方面也为学生从口头语言表达向书面语言过渡打下了良好的基础。

4. 多写——语言积累的运用

毛泽东说："读书是学习，使用也是学习，而且是更重要的学习。"因此，指导学生灵活运用课文中的好词佳句、成功片段，是深化语言积累的有效方法。在语文教学中，善于捕捉运用迁移的练习点，指导学生积累语言，沉淀语言素材。同时，学生有意识地运用已有的积累语言，也是深化积累的最佳方法。语文课程标准中提出："在写话习作中运用自己积累的语言材料。"写话是对语言材料的使用，一方面是运用积累的语言；另一方面是进一步积累语言。

习作训练可以调动大脑中的语言信息来激发大脑皮层细胞之间的信息回忆、交流、筛选，从而达到巩固、运用语言的目的，因此，习作是更高层次的语言积累。为此，我们要求学生常练笔。主要做法有以下几种。

（1）模仿课文精彩处写

取方法于范文，即读中指导写，架设一道从阅读教学到作文教学的桥梁，从读中学写，可以写词语、写句子、写片段、写段落等。这样一来，课文的语言就被消化吸收了，也学活了。

（2）挖掘课文空白处写

教师充分挖掘教材，积极主动引导学生展开丰富的想象，填补课文思想、内容上的空白，以说促写、以读促写，培养学生的创新能力，调动学生参与体验与写作的积极性。

（3）深化课文灵魂处写

有的课文的结尾给读者一种意犹未尽的感觉。教师不妨灵活处理教材，让学生充分发挥自己的想象力、推理能力，进行续写练习。事实表明，多数学生对这一练习很感兴趣，他们能够根据课文内容进行合情合理的推理，既不离谱又不受原文的束缚。如此一来，不仅深化了课文的主题，还丰富了学生的语言积累。

5. 课外——语言积累更广阔的天地

有关专家研究表明，学生获得的知识来自教师传授的仅占10%～20%，其余80%～90%是学生自己通过课外学习获得的。吕叔湘曾说："少数语文水平较好的学生，你要问他的经验，异口同声说得益于课外。"因此，课外阅读要保证时间；教给学生读书方法；还要有检查。备一本课外阅读作业簿，将读后收获分门别类记下来，加工组合。从记忆的定义可知，编码、贮存是记忆的两个组成部分，是记忆中不可或缺的两个过程。就编码而言，可将所要的东西分类加工组合。就贮存而言，有两种方式，即人脑贮存和文字贮存，人脑贮存优于文字贮存。我们要求学生先在头脑中贮存，然后将重要的分门别类记在仓库簿上，当运用时，能及时唤起记忆。可按以下类别建立仓库簿，优美词句可按性质归类，可按意义归类，又可按结构归类。各种方法可分为科学的思想方法、学习方法、观察方法、表达方法几种。写作素材指的是题材日记。思想情感指随想随感。

阅读课外读物要做到四个结合，具体内容如下。

（1）课外阅读与课内阅读相结合

"得法于课内，得益于课外"，当今社会是一个到处充满语文信息的社会，因此，在语文教学中，一方面我们要在课内教学中注意总结学法；另一方面要引导学生进行课外阅读实践，尽量做到学习一篇课文时，能阅读一两篇相关的课外文章和某部著作。

（2）近期效益阅读与远期效益阅读相结合

引导学生阅读一些收效快，与课文相关的读物或小学生作文选，这对完善学生的课内阅读和写作有明显的效果。但这种近期效益阅读必须与远期效益阅读结合起来，如引导学生去阅读古诗词、中外名著、科普著作、背诵名词名句、成语、歇后语，这些积累沉淀式阅读对提高学生的语文素养乃至对学生将来成才将产生深远的影响。

（3）激发阅读兴趣与布置一定阅读量相结合

激发阅读兴趣，首先要向学生介绍一些他们比较感兴趣的、情节生动的、

语言流畅的读物，同时引入竞争机制逐渐培养学生的阅读兴趣，布置一定的阅读量，在任务的驱动下，让学生进行阅读。

（4）课外阅读与摘抄写作相结合

阅读是理解、写作的基础，写作是表达，且又能促进阅读，两者密不可分。大量的阅读，可以扩大学生的知识面、积累语言、学习写法、提高写作能力，这里教师要对阅读方法做必要的指导。比较常见的有思读法、精读法、浏览法、跳读法……要求课外阅读要综合这几种阅读方法，指导学生摘抄精彩片段，体味作者布局谋篇、遣词造句的精妙，并借鉴、运用到自己的习作中。

6. 开发利用校本课程

"诵读经典"是我校自主开发的校本课程之一。学校从优秀的经典古代、现代诗文中精选出180篇，分六个年级按由简到繁、由易到难的原则进行初次编排，再将每个年级的诗文划分成六大板块，即景物、礼仪、友谊、爱国、理想合作及励志。这样编排的目的在于秉承中华五千年的优秀文化，弘扬传统美德，让学生在"吟诗颂典"中接触中国的经典文化，并利用记忆黄金期积累知识，为学生日后的"厚积薄发"奠定基础。同时，以古诗文中蕴含的传统美德和人生哲学，陶冶心智，熏陶情感，为学生的人生奠基。为保证校本课程的教学质量，学校把"诵读经典"正式纳入学校的课程计划。任课教师还利用每天早晨、下午的课前十分钟以及放学路队行进的时间和学生共同吟诵，使校园中充满了琅琅的读书声。为了使学生对这种重复记忆不感到枯燥乏味，教师们积极研究帮助学生记忆、巩固的新策略，积极借助各种激励措施，调动学生学习的兴趣，如同学间相互检查，教师定期抽查，把"诵读经典"背诵纳入"雏鹰争章"活动等，使学生对"诵读经典"的学习始终保持浓厚的兴趣。目前，学生基本能按要求完成各年级的背诵任务，有的年级的学生还超额完成了学习任务。

（二）语言积累的具体途径

在明确了积累的意义、内容、方法后，课题组成员着重对积累的途径进行了研究，边实践边总结，确定了以下几种积累途径。

1. 课内指导促积累

（1）通过整合，进行板块式积累

语文课程标准提倡"拓宽语文学习和运用的领域"及"跨学科学习"，"使学生在不同内容和方法的相互交叉、渗透和整合中开阔视野，提高学习效率，初步获得现代社会所需要的语文实践能力"，同时"全面提高学生的语文素养"。

心理学研究表明，人们获得知识，掌握能力，并采用板块式的存入会明显优于零碎式的。板块式存储特点是便于记忆，滞缓遗忘的进程。因为板块式的知识是一种整合的、相互交叉的、相互渗透的知识。由于知识的相互交叉、相互渗透，所以学习者对所学知识的意义能有比较深入、系统的理解。另外，板块式的知识以块状存入，其信息的存储效率与零碎式的存入相比，亦具有明显的优势。

改版后的语文教材按主题编写，注重整合，每个单元的课文都围绕一个主题编选，从《导语》到《语文园地》中的"口语交际""习作""我的发现""日积月累""小展示台"等学习也都围绕这个主题来安排。各项学习活动前后有联系，有照应，做到环环相扣，有机整合。这样就使整组教材以至整册教材成为一个有机的整合体。实践证明，通过整合，进行板块式积累是全面提高学生语文素养的有效举措。其具体做法有几种：①整合同一主题的语言材料进行积累，如识字和写字，掌握最基本的字、词，积累大量的词汇等；②整合同一主题的语言范例进行积累，好词佳句、名段名篇名作均可；③整合同一主题的语言表达方法进行积累，如与语言材料、语言范例的掌握密切相关的字词句篇、语言修辞逻辑文法等知识。

语言积累不只是对语言的博闻强识，它一般要经历理解、感悟、鉴赏、记忆的复杂过程。单元主题整合语言积累更需要加强课文之间的内在联系，寻找同一主题课文的共同点。

这种通过整合，进行板块式积累的方法具有几种优势：①实效性强。围绕单元主题，发挥教材的优势，在知识与能力、过程与方法、情感态度与价值观三个维度进行积累，也从不同层面培养了学生的语文素养。②操作性强。教师在备课时梳理整合单元三维目标，教学中把握本单元的教学目标、重点。学生

易于掌握同一主题的语言材料、总结语言规律，提高语言文字的理解和运用能力，提高语文学习效益。③实践性强。围绕单元主题开展丰富的语文实践活动，激发学生热爱语言文字的情感，拓展学生运用语言文字的能力，达到工具性与人文性的统一。

在具体实施中需要注意的是：进行单元主题语言积累，要紧紧把握单元的主题，立足课堂，联系生活和经验。在学习中积累，在积累中运用，在运用中发展。

（2）多元感悟，进行个性化积累

课堂教学是一个动态的生成过程，是在对话、思维、情感体验、能力形成、知识不断完善这样的动态中进行的。由于学生对语文的理解是多元的，因此在整个课堂教学中存在许多不确定的因素。学生在对话中所表露的思想观点、所涉及的知识点，往往是他最感兴趣的、印象最深的、最个性化的。动态生成一旦形成，便是有效积累的开始。"生成"往往会引发同学的思考、讨论；会激励同学深入阅读课文，理解课文，体验情感；会形成新的"生成"。所以，老师应更多地关注动态的生成过程，以学生的动态发展过程为理念，在课堂特定的生态环境中，根据学生心理的、情感的、知识的需要，根据师生、生生互动的课堂情境捕捉、把握教学信息，调整教学策略，使教学顺着学生的思路，因势利导地组织学生参与教学活动，使学生在获取知识的同时，获得自己的学习经验和丰富的情感体验，使学生的知识、智能、情感、思想等方面的素质在动态中生成，并在生成中发展，在发展中提高，最终实现自身的生命价值，完善独立人格。

促使生成的教学策略是教学中的对话活动。促使学生形成对话的教学策略有几点：①在朗读对话中生成，让学生在朗读对话中感悟语言、品味语言、内化语言。②在形成问题中生成，问题一旦形成，便是有效积累的开始。问题会引发新的学习动机，激发新的求知欲望，促使学生再读文本，以搞清自己不懂的知识内容。③在个性化评价中生成，个性化评价就是根据每个学生的不同情况分别做出具体合理的评价。老师的评价在于促进、帮助、激励、唤醒生成。④在自主探究中生成，探究式学习方式的主要特点是在教学过程中引导学生自己在读书时发现问题，提出问题，在师生、生生、生本对话中解决问题。它是在某种需要或欲望的驱使下，在兴趣、爱好的支配下主动获取知识。自主探究是形成个性化生成的良好条件和环境。正因为这样，所获得的知识易内化，印象深刻，不易被遗忘。显然，这种学习方式有助于提高积累的质量。另外，这种学习方式本身也是积累的对象，让学生在学习中学习并运用这种方式，逐步形成能力。

（3）拓展阅读，在延伸中积累

语文课程标准还指出："重视在写作中运用已积累的语言材料，把课内外阅读与写作相联系，学与用相结合。"这表明拓展语文教学外延的必要性。我们要充分利用现实生活中的语文教育资源，优化语文学习环境，努力构建课内外联系、校内外沟通，拓宽语文学习的内容、形式与渠道，使学生在广阔的空间里学语文、用语文，丰富知识，提高能力。其实，叶圣陶先生早就讲过："语文教材无非是例子。"语文教师应勇于跳出用教材教语文，树立"大语文"教育观。我们要在教学实践中重视文本外知识，积极拓展语文教学外延，有效地开阔学生的视野，丰富学生的阅历。

拓展性阅读指以阅读为根基，在理解、领悟了课文内容后，跳出文本的局限，由课堂向课前延伸，由课堂向课后拓展，由课堂向课外扩展，让文本成为课内外联系的纽带，成为课内向课外延伸的触角，将课内外教学资源有机结合，促使学生更多、更主动地关注社会和生活，深入思考问题，自觉、大量地阅读课外读物，扩大知识面，提高积累的质和量。

拓展性阅读的教学策略有多种。

① 在文本说写的整合中拓展延伸。

课堂教学若能和学生的经历、生活联系起来，将由文章生发的思索延伸到实际生活，就能培养学生对身边世界的敏感度，培养学生发现、思考的能力，使学习语文向学习生活的广阔天地迈进。仿写是学生提高写作水平的有效手段之一，而仿说则是学生运用课内所学的表达方法把生活中的所见所闻表达具体的有效途径。因为它降低了学生说话的难度，让学生在说话时有了参照物，能够做到言之有序、言之有物。学生对这两种说写方式兴趣极大。

② 在文本内容的补白中拓展延伸。

对于小学生而言，语文学习就是理解、积累和运用语言文字，通过一篇篇凝聚着作家思想、灵感，负载着人类文化内涵的文章，潜移默化地接受熏陶，练就扎实的听、说、读、写各方面的语文能力，濡养文化底蕴。这种浸润人文精神的语文教育，才是语文学科性质的完整体现，才能实现语文教育的最终目的。

③ 在课堂生成的问题中拓展延伸。

课堂生成的问题是在课堂教学中，根据学生课堂的认知水平和接受能力提出的问题，它能适时地抓住学生此时此刻存在的困惑以及认知上的障碍，让学生展开讨论，探究因果。它不仅能及时解疑释惑，而且能调动学生的积极性，持久地保持他们学习的兴趣，还能使知识的掌握更加灵活、更加持久。

④ 在对人物的补述中拓展延伸。

"生活有多大，语文就有多大"，这就决定了语文的学习不一定局限于课堂，局限于学校，"从你的房子里面走出来，走出象牙塔"，让知识向生活延伸，可以接触更多、更贴近生活的学习资料。

在课题研究与实施的过程中，我们发现在有限的教学时间里进行大容量的拓展延伸，也会削弱基础性的学科教学，挤压了学生理应拥有的读写时间，该掌握的能力得不到落实，该理解的知识仍一知半解。所以，教师在教学中进行拓展延伸，要把握好度，即限度、广度、准度、适度。

（4）读、思、议、写，语文实践式积累

语文实践的主要形式是读、思、议、写。这四者伴随着教学进程，始终相互交叉存在于课堂教学中。

① 语文教学要抓语言，语言教学要抓语感，语感教学要抓诵读。

朗读是语文教学的基本方法，是阅读教学的重要环节，也是语言积累的重要途径。以读为本，让学生充分地读，在读中理解，在理解中读，反复诵读，熟读成诵，读出滋味，读出情趣，从而读有所值，读有所得，在读中自然而然地积累丰富的语文材料。叶圣陶先生曾把有感情地读称为"美读"，并指出，要指导学生有感情地朗读课文，在激昂处还他个激昂，在委婉处还他个委婉。因而，在课堂教学中要注重引发学生于朗读中动情、生情，主动积极地积累语言。

a. 读要有目标。有目标地读是提高阅读速度和质量的有效策略。这里的目标是指导学生制订适合自己的阅读计划和任务，适合自己的最近发展区。

b. 读要有形式，分为角色阅读和换位阅读。角色阅读可引导学生把自己置身于故事之中，进行理解和体验，不但能激发学生的兴趣，记住课文丰富的词汇和有趣的情节，还能促使学生思考文中所蕴含的道理。换位阅读就是让学生模仿教师、作者或其他人，讲述自己对课文的理解，叙述课文的重点和精彩之处；与同学讨论，提出问题，甚至在阅读中创造新的"角色"。

c. 读要有层次。首先是将文章读正确、读通顺。其次是在读中理解，即对词语的意思、文章的表层意思的理解。理解可分为直接理解和间接理解两种。直接理解是通过亲身经验而实现的；间接理解须经过一系列分析、综合过程，从最初模糊笼统、未分化的理解逐渐过渡到明确清楚、分化的理解。学生理解课文时须运用已有的知识，才能学习掌握新知识。再次是在读中感悟，是阅读者的主观感受和内省体验，是更倾向于感性的思维活动。又次是在感悟中读（欣赏性地读），因为前面的感悟有可能是零乱的、不完整的、不深入的，通过这一次的阅读，使原来感悟到的东西变得有序、完整、深入。最后是熟读成诵，将重点词句片段背出来。示意如下：

认读—还原—移情—领悟—背诵

d. 读要有要求。读出色、读出景、读出声、读出情、读出味、读出问题、读到没问题。

② 思存在于整个读书活动的过程中。读前思，推想文章会写些什么；读中思，在读中产生或发现一些问题，带着问题去探究研读；读后思，让学生在读后质疑，有什么不懂的或产生什么新的问题。带着问题去读，才会专心，才会用心，才会提高阅读的质量，才会形成个性化的有效积累。其教学策略是让学生自己在读书中发现问题、提出问题，让他们自己在读书讨论中解决问题。应注意的是，如果老师提问题，容量要大，要有思维价值。

③ 议，即对话。在读书过程中，阅读主体和文本之间相互交流、双向互动，师生之间、生生之间围绕文本对话。互动对话的过程是师生、生生间积极

互动、共同发展的过程。它强调师生、生生间的动态信息交流，将自己阅读中所产生的情感、态度、需要、兴趣、价值观、生活经验以及行为规范等观点与他人交流。每个人都有自己不同的理解、感悟、体验。有正确的，也有错误的。通过对话，使对话者产生互动效应，使对话的内容不断增值，更加丰富、生动、全面、准确和深刻。这样，师生的认识、思想、情感便在互动中得到螺旋式提升。在对话中互相启发，互相促进，共同提高，充分发挥班集体的作用，实现资源共享。

对话是促成生成的最具活力的一项活动方式，对话结果也必定是多元的。课堂对话有多种教学策略：a. 在理解阅读中对话。阅读教学中给学生一定的时间，让学生潜心读文后进行对话。b. 在体验阅读中对话。创设情境，让学生获得情感体验后进行对话。c. 在探究阅读中对话。通过阅读探究，学生有自己不同的探究内容，有自己不同的观点，各抒己见。d. 在鉴赏阅读中对话。对那些精品文、重点句段反复读，经揣摩、比较、欣赏后形成对话。e. 在批判阅读中对话。由于每个人的生活环境不同，所形成的价值取向也有所不同，对文章中的思想、观点也有不同的理解，有赞同的，也有批判的。通过阅读，允许学生提出自己的想法。

④ 写是将自己在阅读中形成的思想观点、价值取向以及表达方式以书面形式进行表达，是语文实践活动的最高境界。在阅读中所积累的知识，有的是模糊的、似懂非懂的，有的是印象不深刻的。通过写，使阅读中所积累的知识更加明确，印象更加深刻。因此，写又能促进阅读积累的进一步内化。读写结合是提高积累知识质量的最传统、最有效的方法。

（5）发挥学科整合作用，促进语言积累

工具性与人文性是语文学科的基本属性，语文学科的工具性决定了其在各个学科中的基础地位。整合是新的科学观念和思维方式，它重视各学科知识、理论、方法间的互融、互补、互促，以取代相互排斥、相互孤立、相互封闭的思维方式。语文课程标准提出，语文综合性学习有利于学生在感兴趣的自主活动中全面提高语文素养。

① 让音、体、美等艺术课程融入语文教学中，使我们的语文课堂教学丰富

起来。充分发挥学科整合作用，促进语言积累。具体做法有多种。

a. 画一画。教师将语文学科与美术学科相整合，使学生在读、写之后进行绘画。读写绘的内容可以是诗配画、文配画（读文配画），也可以是画配文（先画后写）。

b. 演一演。表演进入课堂可以有效地提高学生对文本的巩固、深化和提升。

c. 唱一唱。将语文学科与音乐学科相整合，增加学生的语言积累。

学生在画一画、演一演、唱一唱中不仅加深了对文本内容的理解，而且提高了他们的综合素质。

软化了学科界限后，学生的个性得到了张扬，大大提高了学生的学习兴趣，使语文教学充满艺术魅力，课堂成为学生个性飞扬的园地。

② 把语言学习与积累的触角伸入所有学科。语言积累的教学目标不只是语文学科单有的功能，也不只是语文教师个人的任务，而是所有学科、所有教师的共同任务。我校要求各学科教师要充分发挥学科优势，积极促进学生的语言积累，如：音乐学科，可引导学生在熟悉、理解歌词中积累语言；品德与生活学科，可以在讲故事、悟情明理的过程中积累、运用语言；数学教师可引导学生写数学日记，让学生在总结、升华数学经验的过程中积累、运用语言。

2. 开展丰富多彩的读书活动——活动式积累

西固一校的读书活动是从1998年开始开展的，在这二十多年的时间里，每学期都有读书展示活动，先后举办了百词大赛、作文竞赛、手抄报展评等多项活动，并制定了《西固一校读书系列活动规划》，该规划规定了读书节的活动内容和方法，规定每年举办一届读书节，为学生提供展示才华的舞台，使学生可以尽情地展示读书的收获。读书节集中活动时间为一周，届时开展形式多样的读书成果展示活动。

读书节成果展示活动分为古诗考级、各类展示活动、现场比赛活动和特色活动四个板块。

（1）古诗考级

古诗考级是读书节最具特色的活动，一到十二级的级别设置考虑到普及与提高的关系。一到八级是普及型，九到十二级是提高型，让学生直面经典，并

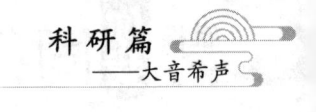

接受传统文化的熏陶。

古诗词是人类思想的积淀和精华。在我国文化的宝库中，古诗词是一颗璀璨的明珠。学生可以从优秀的诗篇中领略祖国山河的壮美，感悟诗歌的灵性，陶冶情操，美化心灵。因此，我们应采取多种形式为学生创设诵背古诗的环境。采取"不求甚解"与"直面经典"的方式，开展丰富多彩的语文实践活动。①创设情境，引学古诗。为了激发学生学习古诗的兴趣，教师可以利用一切机会创设情境引入古诗，让学生自见情趣。见花赏花，见月赏月。②一周诵背一首诗，充分利用课前两分钟的时间，把"课前一首歌"和"课前一首诗"相结合。③假期布置集中背诵古诗的作业。④在一、二、三年级举办古诗词朗诵会，谁背古诗最多就当"古诗小博士"。⑤在全校举行古诗考级活动，考级活动每年在读书节期间举行。

考级活动全员参与，学校根据背诵古诗的数量给学生颁发相应的等级证书。目前，学生的最好成绩是熟背古诗300首。

（2）各类展示活动

阅读是学生个性化的活动，应让学生在积极主动的思维和情感中有所感悟与思考。

读报、读书是学生积累素材的重要渠道。多读可使学生知道更多的事情，积累更多的素材，可以开阔视野，增加词汇积累，提高驾驭语言的能力。每学期推荐学生阅读的书目，让学生平时读、假期读。

重视阅读，大量积累材料是培养语感，提高语文水平的重要手段。在阅读中勤于动笔摘抄是积累的重要手段；背诵也是学生积累大量好词、好句、好段、好篇的良好办法。语言积累到一定程度，才可能文思如泉，笔下生花。

鼓励学生把自己当作编者，把自己的摘抄分门别类，配以插图，制成一本本精美的"文摘"放入书架，定时翻阅。各班学生从自己的作文中挑选出较好的，誊写后编成班级作文集或个人专集，供大家欣赏。

低年级学生可以用"一诗一画"的形式编辑自己的"古诗集"。每年的读书节都有展示活动，把学生的积累展示出来供大家学习。

读书节期间，各班布置的展区是学校又一道亮丽的风景线。它把教学楼装扮一新，烘托出热烈的节日气氛，表现出浓浓的文化气息。从一到六年级，各班分别布置自己的成果展。有读书摘记、手抄报、剪贴报、诗配画、读书卡片、自制书签、自编文集、英语报等多种形式，学校组织参观评比。各班都有自己的特色。

（3）现场比赛活动

每届读书节都根据学生特点设置不同的现场比赛活动。比如，儿歌朗读和短文朗读比赛、现场"画诗"比赛、读书知识竞赛、童话剧表演、成语大赛等。第六届读书节又引入了亲子活动，如亲子朗诵会、书香家庭读书知识竞赛等。

（4）特色活动

每届读书节都有不同的特色项目：第一届的"智力大冲浪"展示了同学们的聪明才智；第二届的"校本课程——影视课"集中学习周给学生提供了观赏影视片的机会；第五届的"现场画诗"，学生将诗境巧妙地化为画意，形象地将诗意、寓意或主题用绘画的方法表现出来，"诗中有画，画中有诗"，诗画结合，相映成趣，使古诗更有生命力和普及性；第六届的"漂流书活动""红领巾书市"让图书因传播而美丽，使浓浓书香在校园中飘散。

目前，读书节已经举办了6届，深受师生及家长的欢迎。在活动中，孩子们获得知识，习得涵养，懂得道理；孩子们享受到了家庭亲子阅读的温馨与快乐；孩子们领略到了经典文化的魅力，展示了自己的聪明才智。

3. 充分利用校本课程《诵读经典》——经典诵读促积累

小学生语言的积累只靠语文课本提供的阅读材料还远远不足，为了拓宽我校学生的阅读面及阅读量，凸显我校办学特色，我们努力寻求德育教育与学校教育的结合点，把诗文诵读与学生思想品德教育融合起来，形成了自己的校本课程——《诵读经典》。经典是人类思想和智慧的结晶，也是一个民族文化的源头。它历经岁月的淘洗，具有穿越时空的魅力，它传递着跨越时代的人文思想，也传递着人类共同的真、善、美精神，具有巨大的艺术魅力。罗曼·罗兰曾说："一个民族的政治生活，只是它生命的浮面；为了探索它内在的生命——它的各种行动的源泉——我们必须通过它的文学、哲学

和艺术而深入它的灵魂，因为这里反映了它的人民的种种思想、热情和理想。"所以说，儿童诵读经典是对民族文化的认同和继承，同时重视引导经典语言的积累，可以丰富学生的语汇，让他们体味到深刻的思想和美好的情思，提高语文素养。

营造书香校园，引导学生时时处处接触经典，扩大课外阅读量，在课外阅读中丰富积累。

（1）把《诵读经典》作为校本课程教材

诵读经典古诗文是直抵学生心灵的歌唱，它可以雕琢学生的心灵，感化学生的性情，培养学生的志趣，开阔学生的胸襟，端正学生的言行，塑造学生的人格，陶冶学生的情操。

《诵读经典》是一套我校自编的"亲近母语，日有所诵"的校本教材，这套教材共6册，每册有景物描写、礼仪、友谊、爱国、理想合作、励志六个篇章，共30篇课文。每篇课文都是经典诗文，有古诗文，也有现代精美诗文。学生背会诗文，积累语言，汲取精神营养，目的是让学生在经典诗文这片精神乐土中流连忘返。

（2）开展"每周一诗"诵读活动

绝大多数学生能在实验阶段背诵校本教材《诵读经典》推荐的大部分优秀诗文。在学生背诵诗文的同时，此套教材还提供了丰富多彩的语言积累板块，如快乐朗诵、快乐延伸、快乐积累、我会读、我会背、我会写、我会画等，使学生们在诵读经典诗文的同时，也获得了更多的相关知识，拓宽了学生的视野，调动了学生的兴趣，为语言积累提供了课堂之外的更广阔天地。

4. 加强家校联系，发挥家庭、学校的教育合力，保持家庭、学校教育的和谐统一

形成教育合力，学校定期召开家长座谈会，教师积极利用课余时间进行家访，向家长宣传课改理念，宣传课题研究的现实意义，以赢得家长的理解和支持。同时，让家长明确课题研究的操作步骤和各阶段的具体目标，引导家长参与到课题研究中来。鼓励、帮助学生形成良好的积累习惯，完成课题要求的各项积累任务。虽然我校的家长成分比较复杂，但由于学校加大了对家长宣传与沟通的力度，家校合作还是取得了实质性的进展。实验班级的学生家长，普遍支持学校的课改工作，对实验课题给予了充分的理解与关注，认为这项工作是在为孩子实实在在地做事，是能影响孩子一生的大事。所以，家长参与的热情也比较高，为课题的深入展开奠定了良好基础。

九、研究成果

（一）学生方面

1.定量分析

（1）调查问卷

研究前，我校实验班只有20.5%的学生每天读课外书，30.3%的学生经常读课外书，偶尔读课外书的学生占40.4%，从不阅读课外书的学生占8.8%；不读课外书的原因，有42.4%的学生选择了作业多，19.5%的学生不知道看什么书；所阅读的书目中，48.8%的学生喜欢读科幻、科普类书籍，48.4%的学生喜欢读漫画卡通类书籍，只有35.6%的学生喜欢读文学名著类书籍。通过研究指导后的统计显示，每天读课外书的学生占85.6%，经常读课外书的学生占90.1%，喜欢读文学名著的学生占87.5%，不知道读什么书的学生仅占1.3%。如图11所示。

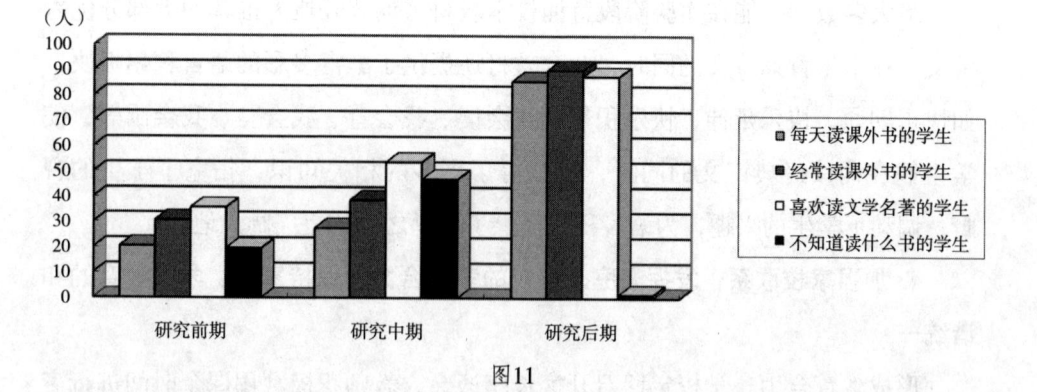

图11

（2）阅读、背诵量

自课题实验以来，课内外阅读总量为：一、二年级达到了10万～20万字，三、四年级达到了50万～70万字，五、六年级达到了100万～130万字。诗文背诵量为：一、二年级达到了40～70篇，三、四年级达到了60～80篇，五、六年

级达到了70～100篇。

从以上数据中不难看出，实验班的学生通过两年的课题实验，在阅读的自觉性、阅读内容的选择上都有了很大程度的提高，而且实验班的学生在课外阅读总量以及诗文背诵量上也大大超过了语文课程标准的要求。

（3）学生语文成绩

实验班与对比班的比较如表7所示。

表7

学年	第一学年						第二学年					
学期	第一学期			第二学期			第一学期			第二学期		
班级	实验班			对比班			实验班			对比班		
年级	总分	平均分	标准差	总分	平均分	标准差	总分	平均分	标准差	总分	平均分	标准差
一年级	4650	93	7.4	4650	93	7.2	4750	95	7.1	4700	94	7.4
二年级	4650	93	8.0	4557	92	7.9	4700	94	7.6	4459	91	8.0
三年级	4488	88	8.1	4300	86	8.0	4539	89	7.8	4300	86	8.1
四年级	4505	85	8.7	4368	84	8.6	4611	87	8.4	4316	83	8.5
五年级	4150	83	8.1	4368	84	8.0	4250	85	7.8	4368	84	8.1
六年级	4200	84	7.9	4420	85	7.8	4300	86	7.5	4316	83	7.9

2. 质性分析

（1）学生在有限的学习、生活空间中汲取更多的养分，增加了语言的积累，并能内化于心，阅读和习作的能力有了明显提高。我校自课题研究以来，学生的获奖情况：①秀霞、娜娜、红伶、小凡、巧梅分获兰州市第九届我们的节日少先队手抄报比赛一、二、三等奖。②小毅、小萍、冬梅、兰兰、会娜分获兰州市第十七届我们的节日青少年现场作文比赛一、二、三等奖。③小嘉、亚娇、方圆、小田、婷婷、小瑛分获兰州市第八届迎奥运、讲文明、建和谐、促创建中小学生手抄报展览大赛一、三等奖。④小瑛、小佳、俊博分获兰州市科协2007年西固区中小学生健康科技奥运科普征文活动三等奖和鼓励奖。

⑤毅超等同学的论文《玫瑰有没有药用价值》获西固区青少年科技大赛论文二等奖。⑥淑文、小瑛、旭乐、晨雨、俊博分获兰州市第十六届讲文明、树新风、学科学、建和谐中小学生现场作文赛一、二、三等奖。

（2）学生对语言积累有了一定的兴趣，初步形成了积累语言的好习惯。

（3）促进了学生从消极语言向积极语言的转化。

（二）教师方面

1. 教师对阅读教学中积累的意义有了比较深刻的理解和认识

（1）对于每个人来说，有效的信息积累越多，就越聪明。读书方法积累多了，自学能力就提高了；良好的道德信息积累多了，就会形成正确的人生观。

（2）积累是阅读与习作的一座桥梁。从阅读到习作（或从生活到习作），要跨越这座桥梁。积累还是阅读与做人的一座桥梁，要想形成正确的人生观，同样要跨越积累这座桥梁。

（3）积累必须讲求实效。有效的积累才有助于人的成长。在强调有效积累的同时，要教给学生积累的方法。学生在大量的积累实践过程中所运用的方法，可以运用于日后的学习。这对一个人的学习来说是非常重要的。

2. 形成了"以积累促积累""以积累促表达"的一系列课堂教学模式

语文综合实践活动课、实验教材语文园地中的展示台、复习课等，就是利用平时的各种积累，让学生在课堂上展示自己的成果。习作课时，利用平时在阅读中所积累的习作方法、词句以及在生活中所观察到的各种现象，让学生尽情地表达。

3. 形成了一系列有效积累的途径

概括起来有以下几种：板块式积累，多元感悟式积累，拓展延伸式积累，实践活动式积累，学科整合式积累，活动式积累。

4. 促进了教师自身专业的发展

教师们从被动地接受研究任务变为主动钻研。在研究过程中，教师们充分发挥自己的特长和潜能，展现了自己在教研方面不屈不挠的钻研精神。自开展课题研究以来，课题组教师的论文、案例、专业素质、学生指导以及课堂教学等方面分别在国家、省、市、区级获得好成绩。

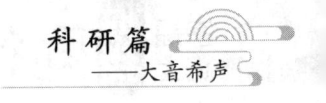

（1）王晓娟、王海霞被授予西固区第九届小学教学新秀称号。

（2）张振萍获兰州市第八届迎奥运、讲文明、建和谐、促创建中小学生手抄报展览大赛优秀辅导奖。

（3）何西琴获兰州市第十六届讲文明、树新风、学科学、建和谐中小学生现场作文比赛优秀辅导奖。

（4）张珍珠获兰州市第九届我们的节日少先队手抄报比赛优秀辅导奖。

（5）李春英获兰州市第十七届我们的节日青少年现场作文比赛优秀辅导奖。

（6）王晓娟、马岩在兰州市第二届小学语文教师专业素质大赛三项全能比赛中分获二、三等奖。

（7）王怀玲、王晓娟获第九届兰州市教学新秀称号。

（8）王晓娟获兰州市小学语文落实新课标课堂教学观摩研讨活动优质课。

（9）王建萍《浅谈语文教学读写整合的途径》发表于省级刊物《教育革新》（2007年第9期）。

（10）马岩《课堂教学语言积累的初探》发表于省级刊物《大观周刊》（2011年第28期）。

（11）董桂荣《课堂教学中拓展延伸式积累浅谈》发表于省级刊物《大观周刊》（2011年第28期）。

（12）王海霞《寻找结合点，进行阅读拓展延伸》发表于国家级刊物《沙棘（科教纵横）》（2010年第12期）。

（13）李春英《积累——孩子成长的翅膀——浅析培养学生自主识字的策略》发表于国家级刊物《沙棘（科教纵横）》（2010年第12期）。

（14）王晓娟《人趣情趣读趣——浅谈小学语文教学过程中的语言积累》发表于国家级刊物《沙棘（科教纵横）》（2012年第12期）。

（15）王怀玲《强化古诗词积累提高学生的语文素养》发表于国家级刊物《沙棘（科教纵横）》（2012年第12期）。

（16）赵立英《浅谈低年级语言积累能力的培养》发表于国家级刊物《沙棘（科教纵横）》（2010年第12期）。

5. 课题组成员对"积累"形成了比较一致的认识，并向一定范围内的教师形成辐射

通过课题研究的成果普及，扩大了课题的辐射面，提高了教师的影响力，使更多的教师认识到积累的重要性，也使更多的教师了解它，取得共识，不断完善，带动了学校教学改革的整体深化。

（三）学校方面

1. 促进了学校教学质量的大幅度提高

（1）2008年获兰州市第八届迎奥运、讲文明、建和谐、促创建中小学生手抄报展览大赛先进集体。

（2）2009年被西固区教育局评为西固区教育质量先进单位。

（3）2009年被兰州市教育局评为兰州市教育质量先进单位。

（4）2009年获兰州市第九届我们的节日少先队手抄报比赛先进单位。

（5）2009年获兰州市语言文字工作市级示范校。

2. 促进学校校园文化建设更上新台阶

为了激发学生学习古诗的兴趣，学校利用一切机会创设情境引入古诗，楼梯间、走廊内、校园墙壁上，到处是经典的古诗词，让校园充满书香气。

3. 丰富了学校活动

在我校每年一届的特色活动"读书节"中，学校开展了丰富多彩的读书系列活动。有古诗考级活动；有大家动手的实践活动——自制书签、诗配画、读书摘记、剪贴报等。通过"读、写、画、讲"等活泼的形式，使读书节更加丰富生动。现场比赛活动有：亲子朗诵会、成语大赛、书香家庭读书知识竞赛、童话剧表演。其中，以"我读书我受益我推荐"为主题的教师演讲比赛展示了教师的读书成果。

十、关于进一步研究的思考

在探索与实践中，我们积累了丰富小学生语言积累的方法与途径，但仍有许多问题值得我们进一步思考、探索。

（1）"欲求教书好，先做读书人。"教师首先要做读书人，要重视自身的

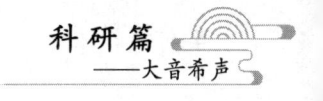

语言积累，提升个人素质，做到"腹有诗书气自华"，这样才可以感染学生，教育学生。

（2）发挥学校、家庭、社会的协同参与指导作用，为小学生的语言积累营造一种宽松和谐的氛围。尤其是家长，要引起足够重视，并给予有效的配合。

（3）语言积累是一个从量变到质变的循序渐进的过程，我们在丰富学生语言积累以及积累成果的实际运用方面还需进一步研究。

（此课题研究成果荣获甘肃省 2021 年第八届基础教育优秀成果奖二等奖）